O ADOLESCENTE E O ATO INFRACIONAL

EDITORA AFILIADA

Conselho Editorial da área de Serviço Social
Ademir Alves da Silva
Dilséa Adeodata Bonetti (Conselheira Honorífica)
Elaine Rossetti Behring
Ivete Simionatto
Maria Lúcia Carvalho da Silva
Maria Lucia Silva Barroco

Dados Internacionais de Catalogação na Publicação (CIP)
(Câmara Brasileira do Livro, SP, Brasil)

O Adolescente e o ato infracional / Mário Volpi, (org.). — 10. ed. — São Paulo : Cortez, 2015.

Vários autores.
ISBN 978-85-24-2339-5

1. Deliquentes juvenis - Reabilitação - Brasil 2. Direitos das crianças - Brasil 3. Menores - Estatuto legal, leis, etc. - Brasil I. Volpi, Mário.

15-01946 CDU-347.157.1:347.922.33(81)

Índices para catálogo sistemático:

1. Brasil : Crianças e adolescentes :
   Direitos   347.157.1:347.922.33(81)

Mario Volpi
(Org.)

O ADOLESCENTE E O ATO INFRACIONAL

10ª edição
1ª reimpressão

O ADOLESCENTE E O ATO INFRACIONAL
Mário Volpi (Org.)

Capa: de Sign Arte Visual
Preparação de originais: Adma Muhana
Revisão: Marcia Nunes
Composição: Linea Editora Ltda.
Assessoria editorial: Priscila Augusto
Coordenação editorial: Danilo A. Q. Morales

Apoio:
Fundo das Nações Unidas para a Infância — Unicef
Centro de Defesa da Criança e do Adolescente da Comissão Local de Brasília do Movimento Nacional de Meninos e Meninas de Rua de Brasília, em convênio com o Departamento da Criança e do Adolescente da Secretaria dos Direitos da Cidadania do Ministério da Justiça.

Nenhuma parte desta obra pode ser reproduzida ou duplicada sem autorização expressa do autor e do editor.

© 1997 by Autores

Direitos para esta edição
CORTEZ EDITORA
Rua Monte Alegre, 1074 – Perdizes
05014-001 – São Paulo – SP
Tel.: (11) 3864-0111   Fax: (11) 3864-4290
E-mail: cortez@cortezeditora.com.br
www.cortezeditora.com.br

Impresso no Brasil – junho de 2017

Sumário

Apresentação 9

Parte I
A implementação das medidas socioeducativas previstas no Estatuto da Criança e do Adolescente

Notas aos Leitores 14

I — Princípios gerais 15

1. Motivos principais que determinam a consideração prioritária do tema 15
2. Concepção de criança e adolescente 16
3. A natureza do ato infracional 17
4. Respeito às normas legais 20
5. Competência dos órgãos do Estado em relação à implementação das medidas 22

II — Caracterização das medidas socioeducativas 25

1. As medidas socioeducativas 28
   1.1 Advertência 28
2. Obrigação de reparar o dano 28
3. Prestação de serviços à comunidade 29
4. Liberdade assistida 30
5. Semiliberdade 31
6. Medida de internação 34
   6.1 Natureza da medida 34
   6.2 Desenvolvimento do processo socioeducativo em privação de liberdade 35
   6.3 O projeto educacional das unidades de internação 37
   6.4 Princípios pedagógicos norteadores da organização da vida cotidiana 39
   6.5 A centralidade da escola em relação ao conjunto das atividades educacionais 43
   6.6 As atividades de profissionalização e socialização para o mundo do trabalho... 44
   6.7 Recursos humanos 46
   6.8 O projeto arquitetônico 48
   6.9 O sistema de contenção e segurança 51

6.10 O controle externo das atividades da unidade 52

III — A operacionalização das medidas socioeducativas 54

1. Articulação em rede 54
2. A integração operacional dos órgãos do Judiciário, Ministério Público, Defensoria, Segurança Pública e Assistência Social 56

Parte II

Pesquisa quantitativa sobre adolescentes privados de liberdade no Brasil

I — Introdução 61

II — Método 65

III — Resultados e discussão 68

IV — Considerações finais 78

Referências 87

Quadros e Gráficos 91

Apresentação

Não existe ainda um consenso geral sobre como denominar os adolescentes que praticam atos infracionais. Os meios de comunicação social, em geral, têm preferido usar formas estigmatizantes, referindo-se a eles como infratores, delinquentes, pivetes e, mais recentemente, importando uma expressão dos EUA, uma revista semanal taxou-os de "pequenos predadores". A opinião pública em geral tem reproduzido estas expressões, acrescentando outras que a sua criatividade preconceituosa produz, como: bandidos, trombadinhas, menores infratores e outras.

Entre os profissionais que atuam na área há ainda os que se expressam de maneira preconceituosa, entretanto, um grupo cada vez maior, busca a sua caracterização a partir do que eles realmente são: *adolescentes*. A prática do ato infracional não é incorporada como inerente à sua identidade, mas vista como uma circunstância de vida que pode ser modificada.

Outro dissenso dessa área é o conceito de ato infracional. Definido no Estatuto da Criança e do Adolescente como "a conduta descrita como crime ou contravenção penal", na prática de juízes da infância e de promotores ganha uma dimensão ampla que chega a incluir antigas categorias como a "vadiagem", "perambulação" e outros que não encontram tipificação no Código Penal, mas que são apresentados como razão inclusive para a privação de liberdade. Essa prática origina-se no já revogado Código de Menores que apresentava o adolescente autor de ato infracional como uma "vaga categoria sociológica".

Estes simples exemplos da inexistência de uma forma única de identificar os adolescentes e o ato infracional, mais que representar um problema linguístico, trazem consigo a evidência de que não existe um consenso em relação a uma concepção destes adolescentes. Na busca de literatura que pudesse orientar uma discussão mais profunda, deparamo-nos com uma restrita produção teórica sobre esta temática.

Observamos que as crianças e os adolescentes do Brasil representam a parcela mais exposta às violações de direitos pela família, pelo Estado e pela sociedade — exatamente ao contrário do que define a nossa Constituição Federal e suas leis complementares. Os maus-tratos; o abuso e a exploração sexual; a exploração do trabalho infantil; as adoções irregulares, o tráfico internacional e os desaparecimentos; a fome; o extermínio, a tortura e as prisões arbitrárias infelizmente ainda compõem o cenário por onde desfilam nossas crianças e adolescentes. Contrapondo-se a este quadro, parcelas cada vez mais significativas da sociedade mobilizam-se para enfrentá-lo, coibi-lo e modificá-lo. Observa-se que a sociedade tem maior facilidade de mobilizar-se sempre que se trata de defender vítimas de possíveis agressores. O apelo emocional parece ser mais forte e sensibilizador quando encontra uma criança indefesa a ser ajudada.

Os adolescentes em conflito com a lei, embora sejam componentes do mesmo quadro supracitado, não encontram eco para a defesa dos seus direitos pois, pela condição de terem praticado um ato infracional, são desqualificados enquanto adolescentes. A segurança é entendida como a fórmula mágica de "proteger a sociedade (entenda-se, as pessoas e o seu patrimônio) da violência produzida por desajustados sociais que precisam ser afastados do convívio social, recuperados e reincluídos". É difícil, para o senso comum, juntar a ideia de segurança e cidadania.

Reconhecer no agressor um cidadão parece ser um exercício difícil e, para alguns, inapropriado.

Neste contexto de indefinições crescem os preconceitos e alastram-se explicações simplistas, ficando a sociedade exposta a um amontoado de informações desencontradas e desconexas usadas para justificar o que no fundo não passa de uma estratégia de criminalização da pobreza, especialmente dos pobres de raça negra.

Na perspectiva de construir um sistema de atendimento a este público que tenha como fundamento o respeito aos direitos humanos e de cidadania, apresentaremos um conjunto de informações que contribuam para uma análise mais realista deste público.

A primeira parte compõe-se de um estudo sob uma perspectiva mais doutrinária, produzido a partir da iniciativa do Fórum Nacional de Defesa dos Direitos da Criança e do Adolescente (Fórum DCA), que teve continuidade através de um grupo de especialistas no tema.

A segunda parte é uma pesquisa quantitativa sobre adolescentes privados de liberdade no Brasil.

Parte I

A implementação das medidas socioeducativas previstas no Estatuto da Criança e do Adolescente

Consultores que elaboraram este documento:

ALFREDO BARBETTA, psicólogo, NCA — Núcleo de Estudos e Pesquisa sobre a Criança e o Adolescente — PUC-SP

BENEDITO RODRIGUES DOS SANTOS, professor universitário — UCG — Goiás, DCI — Brasil, Unicef

MARIA ÂNGELA LEAL RUDGE, assessora de planejamento Febem/SP

MARIA IRINEIDE DA COSTA SILVA NUNES, técnica do DCA/MJ

MARIA JOSEFINA BECKER, Assistente Social, presidente da Febem/RS

MARIA LUÍZA MACHADO LACERDA, técnica do DCA/MJ

MÁRIO VOLPI, educador, assessor do Inesc e consultor Unicef

OLÍMPIO DE SÁ SOTTO MAIOR NETO, procurador geral de Justiça do Estado do Paraná

WANDERLINO NOGUEIRA NETO, consultor Unicef/Ministério da Justiça

Notas aos Leitores

1. A construção deste documento valeu-se da discussão acumulada de um grupo de especialistas reunidos pelo Fórum Nacional Permanente de Organizações não Governamentais de Defesa dos Direitos da Criança e do Adolescente — Fórum DCA, cujos encontros foram realizados entre os anos de 1991 e 1993, com o patrocínio do Unicef. Formaram parte do grupo: Irmã Maria do Rosário, Ruth Pistori, Olímpio de Sá Sotto Maior, Romero Andrade, Melba Meirelles Martins, Clodoveo Piazza, Wanderlino Nogueira, Benedito Rodrigues dos Santos, Maria Josefina Becker, Paulo Afonso Garrido de Paula, Emílio Garcia Mendez e Antonio Carlos Gomes da Costa.

2. Mais precisamente para a redação do documento, sobretudo no tocante à medida de internação, tomou-se por base dois textos propostos ao grupo mencionado, como sistematizações das discussões do grupo. Os textos foram: *A privação de liberdade como medida socioeducativa para o infrator*, de Edson Sêda e *Adolescentes infratores graves: sistema de justiça e política de atendimento*, de Emílio Garcia Mendez. Esses textos suscitaram críticas e comentários que na época não puderam ser incorporados ao documento.

3. A discussão foi contudo retomada e ampliada, tanto em relação à medida de internação quanto em relação às outras medidas socioeducativas, em um encontro promovido pelo Unicef, em Brasília, nos dias 18 a 20 de dezembro de 1995, com a participação de Alfredo Barbetta, Benedito Rodrigues dos Santos, Maria Irineide da Costa Silva Nunes e Mário Volpi; e em 19 e 20 de agosto de 1996, com a participação de Alfredo Barbetta, Benedito Rodrigues dos Santos, Maria Luíza Machado Lacerda, Maria Josefina Becker, Olímpio de Sotto Maior e Mário Volpi.

I. Princípios gerais

1. Motivos principais que determinam a consideração prioritária do tema

a. A existência indiscutível de atos infracionais graves de relevância atribuídos a adolescentes, apesar de quantitativamente reduzidos se comparados com os cometidos por adultos e com o universo das infrações, conquanto distribuídos de forma desigual nos diferentes Estados;

b. O direito indiscutível de toda a sociedade à segurança pública e individual;

c. O fato, como diferentes conjunturas específicas demonstram particularmente nas grandes cidades capitais do Brasil, de que o alarme social produzido por infrações graves cometidas por adolescentes tendem a comprometer o conjunto das políticas para infância. Também o não equacionamento de forma firme e eficiente pode trazer como consequências desastrosas no campo legislativo e judicial: retrocessos, por exemplo, em relação à idade para inimputabilidade penal (diminuição da idade mínima) e aplicação indiscriminada das medidas privativas de liberdade;

d. Dificuldades como a falta de definição mais clara das competências dos diferentes órgãos e das diferentes esferas do poder público em relação ao cumprimento das medidas socioeducativas; e

e. A falta de orientações técnicas e pedagógicas, que tem dificultado enormemente o processo de implementação dessas medidas.

2. Concepção de criança e adolescente

A criança e o adolescente são concebidos como pessoas em desenvolvimento, sujeitos de direitos e destinatários de proteção integral.

A condição peculiar de *pessoa em desenvolvimento* coloca aos agentes envolvidos na operacionalização das medidas socioeducativas a missão de proteger, no sentido de garantir o conjunto de direitos e educar oportunizando a inserção do adolescente na vida social. Esse processo se dá a partir de um conjunto de ações que propiciem a educação formal, profissionalização, saúde, lazer e demais direitos assegurados legalmente.

Sua condição de *sujeito de direitos* implica a necessidade de sua participação nas decisões de seu interesse e no respeito à sua autonomia, no contexto do cumprimento das normas legais.

Assim, é responsabilidade do Estado, da sociedade e da família garantir o desenvolvimento integral da criança e do adolescente. As medidas socioeducativas constituem-se em condição especial de acesso a todos os direitos sociais, políticos e civis.

3. A natureza do ato infracional

O Estatuto da Criança e do Adolescente (ECA), no seu artigo 103, define taxativamente como ato infracional aquela conduta prevista em lei como contravenção ou crime. A responsabilidade pela conduta descrita começa aos 12 anos.

Ao assim definir o ato infracional, em correspondência absoluta com a Convenção Internacional dos Direitos da Criança, o ECA considera o adolescente infrator como uma categoria jurídica, passando a ser sujeito dos direitos estabelecidos na Doutrina da Proteção Integral, inclusive do devido processo legal.

Essa conceituação rompe a concepção de adolescente infrator como categoria sociológica vaga implícita no antigo Código de Menores, concepção que, amparando-se numa falsa e eufemística ideologia tutelar (doutrina da situação irregular), aceitava reclusões despidas de todas as garantias que uma medida de tal natureza deve necessariamente incluir e que implicavam uma verdadeira privação de liberdade.

Todo o sistema de contenção do adolescente do antigo Código e da "Política de Bem-Estar do Menor" estava organizado para tratar um "delinquente", e não para atender um adolescente que transgrediu uma norma. Por isso consideramos fundamental a distinção entre o que é ser infrator ocasional e o que é ser delinquente habitual.[1]

---

1. Michel Foucault usa a denominação infrator para referir-se àquele que infringiu as normas jurídicas estabelecidas, enquanto delinquente é a condição a que o sistema submete o indivíduo, estigmatizando-o e controlando-o formal ou informalmente, inclusive após ter cumprido sua pena (cf. *Vigiar e punir*: história da violência nas prisões. Petrópolis: Vozes, 1996).

Diferente do direito penal, onde o delito constitui uma ação típica, antijurídica, culpável e punível, o direito de menores convertia o delito em uma vaga categoria sociológica. A inexistência de parâmetros objetivos para medir a dimensão quantitativa real da chamada delinquência juvenil é, por vezes, substituída por avaliações e opiniões impressionistas inadequadas. Isto não significa negar a importância e a existência real de problemas sociais graves. Significa admitir que os distintos aspectos da problemática social podem ser percebidos de ângulos completamente diferentes. Dimensões como a da saúde física e emocional, conflitos inerentes à condição de pessoa em desenvolvimento e aspectos estruturais de personalidade precisam ser considerados. Por isso, é importante reafirmar que a "delinquência" não pode ser considerada uma categoria homogênea, nem um critério exclusivo de definição de causa da transgressão da lei.

Por essas razões sugere-se que o tema do adolescente infrator seja considerado na sua relação específica com o sistema de justiça. Isto é, a transgressão da lei é que define e limita a atuação da justiça nesta área. As demais problemáticas que afetam os adolescentes e jovens são objeto da atuação do Estado mediante o conjunto das políticas públicas.

4. Respeito às normas legais

A política de atendimento aos direitos da criança e adolescente, no que tange o adolescente autor de ato infracional, deve acatar os princípios da Convenção Internacional sobre os Direitos da Criança (art. 40); as Regras Mínimas das Nações Unidas para a Administração da Infância e da Juventude (Regras de Beijing — Regra 7); as Regras Mínimas das Nações Unidas para a Proteção de Jovens Privados de Liberdade (Regra 2); a nossa Constituição Federal e o Estatuto da Criança e do Adolescente.

As garantias necessárias à justa aplicação das medidas socioeducativas não podem prescindir da proibição de detenções ilegais ou arbitrárias (ECA, art. 106) como forma de contrapor-se à cultura predominante dos agentes de segurança, que orientam-se por critérios extremamente subjetivos e preconceituosos, criminalizando especialmente pobres e negros.

Em qualquer circunstância, é expressamente obrigatório que ao adolescente seja garantido o pleno e formal conhecimento da atribuição de ato infracional, mediante citação ou meio equivalente (Constituição Federal, art. 227, e ECA, art. 111).

A igualdade na relação processual, assegurando ao adolescente o direito de confrontar-se com vítimas e testemunhas e produzir todas as provas necessárias a sua defesa (ECA, art. 111), em nenhum momento pode ser reduzida ou relativizada. O direito à defesa técnica por profissional habilitado, que segundo o ECA é realizada por advogado (Constituição Federal, art. 227, e ECA, art. 111), juntamente com a assistência judiciária gratuita e integral — aos necessitados (ECA, art. 111) —, é fundamento para uma averiguação séria e imparcial.

O direito de ser ouvido pessoalmente pela autoridade competente (ECA, art. 111) e de solicitar a presença de seus pais ou responsáveis em qualquer fase do procedimento são também prerrogativas insubstituíveis.

Judicialmente verificada a prática do ato infracional, corresponde à autoridade judicial a aplicação de medida(s) prevista(s) no artigo 112 do ECA. Observando-se que a aplicação da medida de internação deverá obedecer aos princípios da brevidade, excepcionalidade e respeito à condição peculiar de pessoa em desenvolvimento.

5. Competência dos órgãos do Estado em relação à implementação das medidas

Os programas e serviços destinados a dar retaguarda ao cumprimento das medidas socioeducativas devem considerar:

a. a distribuição coordenadora e executiva a que se refere a Constituição Federal (art. 204);

b. a conceituação da política de atendimento como "conjunto articulado de ações governamentais e não governamentais da União, dos Estados, do Distrito Federal e dos municípios";

c. os Conselhos de Direitos como *locus* da formulação dessas políticas; os conselhos nacionais e estaduais conforme as competências descritas abaixo;

d. as diretrizes já estabelecidas de municipalização do atendimento e descentralização político-administrativa na criação e manutenção de programas, conforme as competências;

e. a integração operacional de órgãos do Judiciário, Ministério Público, Defensoria, Segurança Pública e Assistência Social, preferencialmente em um mesmo local, para efeito de agilização do atendimento e garantia dos direitos processuais ao adolescente a quem se atribua autoria de ato infracional.

O artigo 125 do Estatuto da Criança e do Adolescente designa exclusiva e inequivocadamente o Estado como responsável absoluto "para velar pela integridade física e mental dos internos". Também as disposições constitucionais em matéria de segurança pública e poder de polícia são atribuídas às unidades federadas. Portanto, a medida de internação é responsabilidade das unidades federadas devendo articular-se em rede, objetivando maior coerência nos critérios de aplicação, unificação de procedimentos e viabilização do objetivo maior das medidas socioeducativas que é a inclusão social do adolescente infrator.

Deve ser operacionalizada diretamente pela unidade federada — Estado —, de forma descentralizada, podendo, contudo, ser gerida a partir de um consórcio entre os municípios, com supervisão e controle do Estado.

Considerando a atual demanda para internação e a possibilidade de potencialização dos mecanismos de prevenção à privação de liberdade, com base na estruturação de redes municipais e intermunicipais para cumprimento das medidas socioeducativas em liberdade, associadas a medidas de proteção, entendemos que o modelo regional de atendimento em pequenas unidades deve ser estimulado.

O entendimento prevalerte quanto à gestão das unidades de privação de liberdade é de que a competência absoluta e intransferível é do Estado (unidade federada), não devendo o mesmo desenvolver programas de convênio com entidades privadas, por tratar-se de função pública que envolve contenção e segurança.

A seguir apresentamos um quadro demonstrativo das atribuições dos órgãos e esferas do poder público.

Medidas socioeducativas	União	Estado		Municípios
		Executivo	Judiciário	
Advertência	N A	—	N F E	—
Obrigação de reparar o dano	N A	—	N F E	—
Prestação de serviços à comunidade	N A	—	N F E	—
Liberdade assistida	N F A	N F E	N F E*	N F E
Semiliberdade	N F A	N F E	—	N F E
Internação	N F A	N F E	—	A

N = Normatiza, F = Financia, E = Executa, A = Apoia

* Em algumas Varas da Infância e Juventude existem programas de Liberdade Assistida. O grupo que elaborou este documento não chegou a um consenso sobre a pertinência de o Judiciário executar esta medida.

II. Caracterização das medidas socioeducativas

a. As medidas socioeducativas são aplicadas e operadas de acordo com as características da infração, circunstâncias sociofamiliar e disponibilidade de programas e serviços em nível municipal, regional e estadual.

b. As medidas socioeducativas comportam aspectos de natureza coercitiva, uma vez que são punitivas aos infratores, e aspectos educativos no sentido da proteção integral e oportunização, e do acesso à formação e informação. Sendo que em cada medida esses elementos apresentam graduação de acordo com a gravidade do delito cometido e/ou sua reiteração.

c. Os regimes socioeducativos devem constituir-se em condição que garanta o acesso do adolescente às oportunidades de superação de sua condição de exclusão, bem como de acesso à formação de valores positivos de participação na vida social.

d. A operacionalização deve prever, obrigatoriamente, o envolvimento familiar e comunitário, mesmo no caso da privação de liberdade. Sempre que possível deverão ser avaliadas condições favoráveis que possibilitem ao adolescente infrator a realização de atividades externas.

e. A estrutura de funcionamento dos programas deve contemplar a participação de grupos da comunidade que contribuirão com as atividades e participarão no planejamento e controle das ações desenvolvidas na unidade de trabalho, oportunizando a relação entre o interno e a comunidade.

f. Os programas socioeducativos deverão utilizar-se do princípio da *incompletude institucional*, caracterizado pela utilização do máximo possível de serviços (saúde, educação, defesa jurídica, trabalho, profissionalização etc.) na comunidade, responsabilizando as políticas setoriais no atendimento aos adolescentes.

g. Os programas socioeducativos de privação de liberdade deverão prever os aspectos de segurança, na perspectiva de proteção à vida dos adolescentes e dos trabalhadores, atentando-se para os aspectos arquitetônicos das instalações e formas de contenção sem violência.

h. Os programas socioeducativos deverão, obrigatoriamente, prever a formação permanente dos trabalhadores, tanto funcionários quanto voluntários.

i. As denominações das unidades de aplicação das medidas, dos adolescentes envolvidos e das demais formas de identificação das atividades a eles relacionadas devem respeitar o princípio da não discriminação e não estigmatização, evitando-se os rótulos que marcam os adolescentes e os expõem a situações vexatórias, impedindo-os de superar suas dificuldades na inclusão social.

**Diagrama de unidade de privação de liberdade
Exemplo de incompletude institucional**

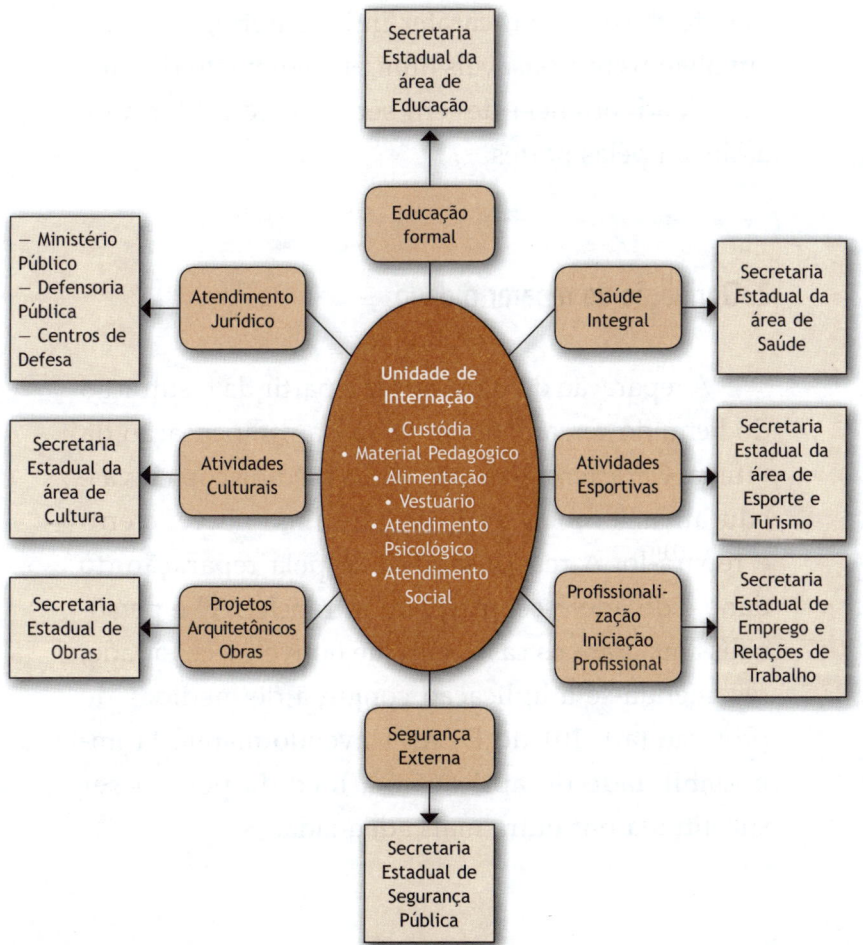

1. As medidas socioeducativas

1.1 Advertência

A advertência constitui uma medida admoestatória, informativa, formativa e imediata, sendo executada pelo Juiz da Infância e Juventude. A coerção manifesta-se no seu caráter intimidatório, devendo envolver os responsáveis num procedimento ritualístico. A advertência deverá ser reduzida a termo e assinada pelas partes.

2. Obrigação de reparar o dano

A reparação do dano se faz a partir da restituição do bem, do ressarcimento e/ou da compensação da vítima. Caracteriza-se como uma medida coercitiva e educativa, levando o adolescente a reconhecer o erro e repará-lo. A responsabilidade pela reparação do dano é do adolescente, sendo intransferível e personalíssima. Para os casos em que houver necessidade, recomenda-se a aplicação conjunta de medidas de proteção (art. 101 do ECA). Havendo manifesta impossibilidade de aplicação, a medida poderá ser substituída por outra mais adequada.

3. Prestação de serviços à comunidade

Prestar serviços à comunidade constitui uma medida com forte apelo comunitário e educativo tanto para o jovem infrator quanto para a comunidade, que por sua vez poderá responsabilizar-se pelo desenvolvimento integral desse adolescente. Para o jovem é oportunizada a experiência da vida comunitária, de valores sociais e compromisso social.

Nesse sentido, o envolvimento da comunidade por intermédio de órgãos governamentais, clubes de serviços, entidades sociais e outros é fundamental na operacionalização desta medida.

A aplicação dessa medida depende exclusivamente da Justiça da Infância e Juventude, mas na sua operacionalização recomenda-se o uso de um programa que estabeleça parcerias com órgãos públicos e organizações não governamentais.

Entendemos que a prestação de serviços à comunidade será cada vez mais efetiva na medida em que houver o adequado acompanhamento do adolescente pelo órgão executor, o apoio da entidade que o recebe, e a utilidade real da dimensão social do trabalho realizado.

4. Liberdade assistida

Constitui-se numa medida coercitiva quando se verifica a necessidade de acompanhamento da vida social do adolescente (escola, trabalho e família). Sua intervenção educativa manifesta-se no acompanhamento personalizado, garantindo-se os aspectos de: proteção, inserção comunitária, cotidiano, manutenção de vínculos familiares, frequência à escola, e inserção no mercado de trabalho e/ou cursos profissionalizantes e formativos.

Assim, os programas de liberdade assistida devem ser estruturados no nível municipal, preferencialmente localizados nas comunidades de origem do adolescente. Devem ainda ser gerenciados e desenvolvidos pelo órgão executor no nível municipal em parceria com o judiciário, que supervisiona e acompanha as ações do programa.

O programa de liberdade assistida exige uma equipe de orientadores sociais, remunerados ou não, para o cumprimento do artigo 119 do ECA, tendo como referência a perspectiva do acompanhamento personalizado, inserido na realidade da comunidade de origem do adolescente, e ligado a programas de proteção e/ou formativos. Tanto o programa como os membros da equipe passam a constituir uma referência permanente para o adolescente e sua família.

A liberdade assistida poderá ser desenvolvida por grupos comunitários com orientadores voluntários, desde que os mesmos sejam capacitados, supervisionados e integrados à rede de atendimento ao adolescente. A modalidade de Liberdade Assistida Comunitária (LAC) tem se mostrado muito eficiente pelo seu grau de envolvimento na comunidade e de inserção no cotidiano dos adolescentes acompanhados, devendo ser estimulada e apoiada.

5. Semiliberdade

Em relação a esta medida, constatamos a necessidade de uma sistematização e avaliação dos programas existentes como forma de organizar o conhecimento produzido e de socializar experiências exitosas. O grupo responsável por este documento optou por registrar apenas alguns consensos e, após recebidas as contribuições dos Estados, complementá-lo.

A semiliberdade contempla os aspectos coercitivos desde que afasta o adolescente do convívio familiar e da comunidade de origem; contudo, ao restringir sua liberdade, não o priva totalmente do seu direito de ir e vir. Assim como na internação, os aspectos educativos baseiam-se na oportunidade de acesso a serviços, organização da vida cotidiana etc. Deste modo, os programas de semiliberdade devem, obrigatoriamente, manter uma ampla relação com os serviços e programas sociais e/ou formativos no âmbito externo à unidade de moradia.

Num entendimento mais amplo da natureza e finalidade da semiliberdade, entendemos que ela é capaz de substituir em grande parte a medida de internação, podendo atender os adolescentes como primeira medida, ou como processo de transição entre a internação e o retorno do adolescente à comunidade.

Propomos a ampla difusão do regime, implantando programas regionalizados e municipalizados quando necessário.

A falta de unidade nos critérios por parte do judiciário na aplicação de semiliberdade, bem como a falta de avaliações das atuais propostas, têm impedido a potencialização dessa abordagem. Por isso propõe-se que os programas de semiliberdade sejam divididos em duas abordagens: uma destinada a adolescentes em transição da internação para a liberdade e/ou regressão da medida; e a outra aplicada como primeira medida socioeducativa.

Especificações:

a. Princípios da estrutura educacional;

b. Organização do cotidiano como espaço de convivência que possibilite a expressão individual, o compromisso comunitário, as atividades grupais etc.;

c. Elaboração de um regulamento prevendo deveres e normas de funcionamento da unidade;

d. Acompanhamento do adolescente em atividades externas de inserção no mercado de trabalho, escolarização formal, profissionalização e outros;

e. Programa de acompanhamento escolar e de inserção do adolescente em escolarização.

Constatamos a existência de, basicamente, duas modalidades de aplicação da medida de semiliberdade:

a. Programas caracterizados por unidades de atendimento para grupos de até 40 adolescentes, onde o acesso ao meio externo é programado progressivamente a partir do processo de desenvolvimento educacional do adolescente. São conhecidos como semi-internatos.

b. Programas de semiliberdade caracterizados por unidades comunitárias de moradia, para grupos de cerca de doze adolescentes, para manutenção e inserção do adolescente em programas sociais e comunitários.

6. Medida de internação

6.1 Natureza da medida

A internação, como a última das medidas na hierarquia que vai da menos grave para a mais grave, somente deve ser destinada aos adolescentes que cometen atos infracionais graves. Embora o Estatuto tenha enfatizado os aspectos pedagógicos e não os punitivos ou repressivos, a medida de internação guarda em si conotações coercitivas e educativas.

É preciso relembrar sempre que o Estatuto estabelece o princípio de que todo adolescente a quem for atribuída uma medida socioeducativa não deve ser privado de liberdade se houver outra medida adequada (ECA, art. 122, § 2º) e nos casos previstos no artigo 122. Portanto, falar de internação significa referir-se a um programa de privação da liberdade, o qual, por definição, implica contenção do adolescente autor de ato infracional num sistema de segurança eficaz.

Assim sendo, os que forem submetidos à privação de liberdade só o serão porque a sua contenção e submissão a um sistema de segurança são condições *sine qua non* para o cumprimento da medida socioeducativa. Ou seja, a contenção não é em si a medida socioeducativa, é a condição para que ela seja aplicada. De outro modo ainda: a restrição da liberdade deve significar apenas limitação do exercício pleno do direito de ir e vir e não de outros direitos constitucionais, condição para sua inclusão na perspectiva cidadã.

6.2 Desenvolvimento do processo socioeducativo em privação de liberdade

Garantias constitucionais e estatutárias:

As garantias constitucionais e os requisitos fixados pelo Estatuto são parâmetros dentro dos quais o infrator será "contido" e submetido a um sistema de segurança assegurando-lhe:

a. sujeição aos princípios de brevidade, excepcionalidade e respeito à condição peculiar de pessoa em desenvolvimento;
b. manutenção condicionada à avaliação em períodos máximos de seis meses;

c. tempo máximo de internação de três anos, limite após o qual o adolescente deve ser liberado e colocado em regime de semiliberdade ou de liberdade assistida; e liberação compulsória aos vinte e um anos de idade (art. 121);

d. permissão para realização de atividades externas, a critério da equipe técnica da entidade, salvo expressa determinação judicial em contrário (art. 121, § 1º);

e. que a internação seja cumprida em entidade exclusiva para adolescentes, obedecida rigorosa separação por critérios de idade, compleição física e gravidade da infração. Durante esse período (inclusive na internação provisória), são obrigatórias atividades pedagógicas (art. 123);

f. observação dos direitos do adolescente privado de liberdade: entrevistar-se pessoalmente com representante do Ministério Público; peticionar diretamente a qualquer autoridade; avistar-se reservadamente com seu defensor; ser informado de sua situação processual; ser tratado com respeito e dignidade; permanecer internado na mesma localidade ou naquela mais próxima ao domicílio de seus pais ou responsável; receber visitas, ao menos semanalmente;

corresponder-se com seus familiares e amigos; ter acesso aos objetos necessários à higiene e ao asseio pessoal; habitar alojamentos em condições adequadas de higiene e salubridade; receber escolarização e profissionalização; realizar atividades culturais, esportivas e de lazer; ter acesso aos meios de comunicação social; receber assistência religiosa segundo a crença; manter a posse de seus objetos pessoais e dispor de local seguro para guardá-los; receber, quando da desinternação, os documentos pessoais indispensáveis à vida em sociedade. Segundo ainda o artigo 124, que define os direitos anteriormente mencionados, em hipótese alguma haverá incomunicabilidade, embora a autoridade judiciária possa suspender temporariamente visitas ao adolescente.

6.3 O projeto educacional das unidades de internação

A finalidade maior do processo educacional, inclusive daqueles privados de liberdade, deve ser a formação para cidadania.

Cabe, portanto, aos governos estaduais, extinguir os modelos centralizados ainda existentes segundo padrões calcados na velha política nacional do bem-estar do menor, substituindo-os por programas pedagogicamente formulados para atender ao tipo de adolescente e ao tipo de criminalidade próprios das diversidades apresentadas. Atendidas as exigências da Constituição e do ECA, a proposta pedagógica deve ser coerente com a Política Estadual de Direitos definida pelo Conselho Estadual. A denominação das instituições destinadas a este fim devem ser expressão desta proposta pedagógica, afastando-se das antigas matrizes estigmatizantes.

Cada internato será uma unidade com denominação própria, estilo e proposta identificada pela equipe de professores, orientadores, profissionais das ciências humanas, trabalhadores sociais e dos adolescentes internos dela participantes.

O que caracteriza tais estabelecimentos é o fim social a que eles se destinam. Para esse fim estarão voltados os meios pedagógicos utilizados em sua dinâmica. Tal fim social é o exercício da cidadania plena pelo adolescente submetido por lei à medida socioeducativa. O conteúdo pedagógico estará voltado, portanto, para os elementos que compõem o artigo 6º do Estatuto: os fins sociais a que o ECA se dirige; as exigências do bem comum; os direitos e deveres individuais e coletivos; a condição peculiar do adolescente como pessoa em desenvolvimento.

6.4 Princípios pedagógicos norteadores da organização da vida cotidiana

a. Trabalho em equipe transdisciplinar, cujos profissionais devem associar embasamento teórico à intuição e ao bom senso para enfrentar os desafios de uma prática social específica; utilizar o planejamento e avaliação como instrumentos pedagógicos importantes para superação do espontaneísmo e ativismo caracterizado pela ação sem reflexão, e consecução dos objetivos legais e educacionais.

b. A vida social cotidiana e a convivência constituem-se em importante conteúdo pedagógico, que deve ser baseado na relação solidária e na cogestão entre educadores e educandos. Assim:

- As regras de convivência, a organização do espaço físico, o planejamento das atividades devem ser amplamente discutidos e decididos em conjunto com os educandos. Contudo, deve-se evitar atitudes pseudodemocráticas. Existem limites legais na definição das regras, que não são passíveis de decisão do grupo, mas que podem e devem ser informadas da maneira mais clara e pedagógica possível, inclusive por escrito.

- As sanções disciplinares por descumprimento de normas estabelecidas devem ser aplicadas de forma clara, de modo que o adolescente saiba a razão pela qual está sendo punido. É preciso lembrar que espancamento e tortura são crimes e não instrumentos pedagógicos. Neste sentido, devem ser descobertos e utilizados exclusivamente métodos de contenção não violentos.

- Para evitar que as normas e procedimentos sejam utilizados apenas de acordo com a subjetividade dos educadores, é recomendável que sejam expressos por escrito na modalidade de regimento interno ou outro instrumento similar.

c. O processo pedagógico deve oferecer espaço para que o adolescente reflita sobre os motivos que o levaram a praticar o crime, não devendo contudo estar centrado no cometimento do ato infracional. O trabalho educativo deve visar a educação para o exercício da cidadania, trabalhando desta forma os eventos específicos da transgressão às normas legais mediante outros eventos que possam dar novo significado à vida do adolescente e contribuir para construção de seu projeto de vida.

d. A organização da vida cotidiana da unidade deve prever espaços para individuação dos adolescentes participantes, respeitar a privacidade mínima e a construção de relações ou grupos sociais espontâneos e informais.

e. A realização de atividades externas deve ser estimulada durante todo o processo socioeducativo.

f. O envolvimento tanto da família quanto da comunidade na vida da unidade são elementos vitais para a quebra do isolamento, facilitando o processo de retorno à vida social (família e comunidade, quando for o caso).

g. As relações de gênero e raça devem constar da agenda permanente das ações educacionais. A relação homem/mulher traz conteúdos fundamentais para se trabalhar a condição de ser homem, de ser mulher. Da mesma forma, é na relação entre brancos e negros que se discute as diferenças e discriminações.

h. O papel do desenvolvimento das atividades é educar para o exercício de cidadania e não meramente ocupar o tempo e gastar a energia dos internos. Assim, a realização de atividades lúdicas, culturais, esportivas devem ser consideradas conteúdos fundamentais do processo educacional e não instrumentos de preenchimento do tempo "ocioso".

i. As atividades psicoterapêuticas devem ser desenvolvidas para aqueles que delas necessitam e não de forma generalizada para todos os internos. Se as modalidades ou métodos mais coletivos são, via de regra, os mais indicados, deve-se, contudo, resgatar o atendimento individualizado e personalizado, respeitando as especificidades dos indivíduos e grupos de adolescentes internos. A possibilidade de o adolescente ser acompanhado por um "técnico de referência" facilita a elaboração dos relatórios técnicos e permitem uma melhor avaliação de seu aproveitamento.

j. O ECA recomenda observar separação por critérios de idade, compleição física e gravidade de infração. Acredita-se que essas observações devam ser contextualizadas à análise da situação dos grupos com os quais se trabalha. É preciso estudar a procedência dos participantes, histórico familiar e de vida, tanto no sentido de adequar a norma à realidade como para, inclusive, se estabelecer novos critérios de separação: por exemplo, de adolescentes da mesma gangue ou de gangues adversárias, ou ainda adolescentes rivais envolvidos no mesmo crime.

k. Os casos de indisciplina dos adolescentes internos devem ser tratados de forma a serem resolvidos internamente.

l. A organização da vida cotidiana deve propiciar um espaço sadio para a vivência do direito à sexualidade e à afetividade. A educação e a saúde sexual são imprescindíveis neste processo educativo.

6.5 A centralidade da escola em relação ao conjunto das atividades educacionais

A centralidade da escola deve ser garantida também no regime de privação de liberdade. A escolarização deve possibilitar, de maneira geral, que os adolescentes aprendam um conjunto de conhecimentos que os ajude a localizarem-se no mundo e colabore com o seu regresso, permanência ou continuidade na rede regular de ensino.

Dada a impossibilidade de os adolescentes frequentarem escolas na comunidade de origem, a solução que se nos parece mais acertada é que a rede pública e regular de ensino mantenha uma escola dentro do internato. É de suma importância que essa escola seja vinculada à rede formal de ensino e não seja uma escola alternativa dentro do próprio internato. Enquanto a escola não considerar os dela excluídos, não saberá produzir as alterações necessárias para atender as crianças e os adolescentes das camadas populares. De outro lado, é preciso lembrar que o ECA em seu artigo 57 insta o poder público a estimular "pesquisas, experiências e novas propostas relativas a calendário, seriação e currículo, metodologia, didática e avaliação, com vistas à inserção de crianças e adolescentes excluídos do ensino fundamental obrigatório".

A proposta do MEC de escola multisseriada precisa ser estendida às demais séries, flexibilizando os critérios para o acesso ao ensino supletivo, inclusive aos adolescentes do 2º grau. O regime especial de seriação modular e um calendário adequado também são importantes para assegurar um processo contínuo e sistemático.

6.6 As atividades de profissionalização e socialização para o mundo do trabalho

Muitos estudos e pesquisas demonstraram que uma parcela significativa dos adolescentes infratores internos nos estabelecimentos de contenção anteriores ao Estatuto da Criança e do Adolescente terminaram por adotar uma concepção negativa em relação ao trabalho, em função do tipo de trabalho e da maneira pela qual ele era utilizado: obrigatoriedade de realização de atividades sem utilidade prática para o grupo ou a sociedade; utilização das atividades de manutenção do espaço, inclusive a limpeza de latrinas e banheiros como castigo pela desobediência a normas pouco claras e arbitrariamente definidas; não participação dos adolescentes no planejamento e nos lucros das chamadas atividades produtivas.

O trabalho e as atividades de profissionalização não podem ser utilizados como castigo, mas como uma dimensão importante da vida humana, quer como fonte de sobrevivência, quer como fonte de realização profissional.

Portanto, é necessário que as atividades profissionalizantes possibilitem ao adolescente o desenvolvimento de habilidades que tenham colocação no mercado de trabalho.

E que os adolescentes, por sua vez, sejam orientados pela concepção do trabalho como princípio educativo. O que significa a observância dos seguintes eixos metodológicos: participação dos adolescentes na definição e planejamento das atividades produtivas a serem desenvolvidas; no conhecimento técnico-científico referente ao trabalho desenvolvido; e participação na definição do destino da produção, bem como dos lucros que a venda eventual dos produtos possa gerar. Esta é a concepção de trabalho educativo onde as exigências pedagógicas relativas ao desenvolvimento pessoal e social do educando prevalecem sobre o aspecto produtivo. Superando desta maneira as velhas dicotomias entre os que sabem e os que fazem, entre o trabalho manual e o trabalho intelectual.

Seguindo o princípio da incompletude institucional, é sempre recomendado que o programa de formação técnico-profissional seja realizado por outros órgãos ou institutos especializados no tema, tais como os serviços de aprendizagem Senai, Senac, Senar, Senat, considerando as demandas do mercado de trabalho, segundo método estruturado de aprendizagem, conferindo habilidades e qualificação técnica reconhecidas formalmente.

6.7 Recursos humanos

A política estadual deve se responsabilizar para que o atendimento do adolescente em medida de privação de liberdade seja executado por uma política de recursos humanos que elimine radicalmente o modelo de atendimento até hoje praticado.

A conhecida figura do infrator confinado em pátios de imensos pavilhões sob a "guarda" de um corpo despreparado de monitores, vigilantes, inspetores etc. deve ser definitivamente abolida. Ela não atende, em hipótese alguma, aos fins sociais a que se dirige o Estatuto. Mesmo que os agentes hoje denominados monitores, vigilantes, inspetores etc. sejam "preparados", a experiência já tem demonstrado que não passam de carcereiros sem nenhuma carga pedagógica para formação da cidadania.

As unidades pequenas serão sede de um trabalho pedagógico executado por educadores, todos vivendo um permanente programa de desenvolvimento de recursos humanos, voltados para a especificidade dos adolescentes submetidos à sua orientação.

Embora conceba-se que o caráter da ação básica e central seja educacional, não se deve confundir a natureza e as especificidades profissionais necessárias para o programa da unidade: assistentes sociais, pedagogos, psicólogos, advogados etc.

Neste aspecto queremos retornar a discussão acerca da *incompletude profissional*. Para evitar a impregnação da chamada cultura da institucionalização, resguardar a saúde mental dos educadores e dos educandos e, ao mesmo tempo, preservar a criação e a manutenção dos vínculos afetivos entre ambos, propomos o aprofundamento do princípio da chamada incompletude profissional, princípio pelo qual os trabalhadores não devem cumprir sua jornada de trabalho integral na mesma unidade. Ou seja, devem compor sua jornada de trabalho entre a unidade de privação da liberdade e outros serviços voltados para o atendimento dos direitos da criança e do adolescente. Esta reflexão deve integrar-se à preocupação com a elaboração de uma política de recursos humanos que preveja estratégias que vão desde a capacitação e valorização dos profissionais, até atividades de descontração e lazer.

6.8 O projeto arquitetônico

Vale o princípio de que a infraestrutura é meio para consecução de um projeto pedagógico e que a arquitetura reflete da mesma forma uma concepção de mundo e de organização social. Assim sendo, o projeto arquitetônico deve refletir os princípios estabelecidos pelo ECA para a privação de liberdade, com toda dignidade e respeito aos direitos humanos.

Assim, internamente, o espaço físico deverá ser dotado de dependências adequadas ao programa pedagógico de formação para a cidadania. Externamente, a construção deve resguardar a cidadania da comunidade. A pedagogia desse estabelecimento será exercida com restrições da liberdade de ir e vir — esse é o aspecto da contenção. Ou seja, os internos serão contidos num espaço arquitetônico com as liberdades previstas no próprio programa pedagógico da entidade de atendimento. O estabelecimento, por sua vez, será dotado externamente da segurança necessária a essa finalidade. Em resumo: serão criadas dificuldades arquitetônicas para a evasão dos internos e para a invasão do prédio por indivíduos vindos de fora.

De acordo com o espírito do ECA, fortemente centrado no aspecto pedagógico e avaliação contrária aos grandes internatos do passado, que já demonstraram sua ineficácia, recomenda-se que o internamento seja feito em pequenas unidades, com capacidade para 40 adolescentes infratores. Ao mesmo tempo, esse é um número que permite otimizar recursos humanos e materiais. Permite também a individualização e a personalização necessária ao tipo de adolescentes com o qual se trabalha. Também, para a definição do número, avaliou-se que o trabalho com grupos demasiadamente pequenos pode criar privilégios e facilitar o desgaste das relações.

A estrutura desse espaço arquitetônico deve prever espaços para o direito ao respeito e à dignidade (arts. 15 a 17 do ECA), particularmente no que se refere ao direito ao respeito: "consiste na inviolabilidade da integridade física, psíquica e moral da criança e do adolescente, abrangendo a preservação da imagem, da identidade, da autonomia, dos valores, ideias e crenças, dos espaços e objetos pessoais". Assim, os alojamentos devem ser individuais. Quando for totalmente impossível, deve-se assegurar que o sejam para pequenos grupos observando-se a proposta pedagógica e a formação dos grupos sociais espontâneos (não estamos falando aqui de gangues). Observamos, entretanto, que não se deve ter numa mesma unidade alojamentos individuais para uns e coletivos para outros. Em qualquer caso, é sempre importante assegurar espaços para a guarda dos objetos pessoais com segurança. Os banheiros, ainda que não sejam totalmente fechados, devem preservar a intimidade — meia porta, parede incompleta.

Ponto polêmico que deve ser enfrentado é a necessidade da existência de cela de isolamento. As experiências avaliadas e as discussões até o momento realizadas contestam essa necessidade. A experiência e proposta pedagógica podem prescindir das celas, "cafuás", quartinhos escuros. Contudo, a experiência também tem demonstrado que é preciso prever espaços de isolamento e reclusão exclusivamente nos casos em que há uma grave ameaça à integridade física do adolescente ou uma ameaça à integridade física do grupo. Quando este tipo de contenção for requerido, que respeite a dignidade humana.

6.9 O sistema de contenção e segurança

A descrição do sistema de atendimento deve prever quem e como fará a segurança externa e a contenção interna do estabelecimento onde se realizará a medida privativa de liberdade. Também devem ser previstos os recursos necessários para isso.

Assim, existe consenso que a contenção deva ser definida pelo conjunto da proposta pedagógica como um conjunto de medidas de autocontrole social dos internos cercadas de um conjunto de garantias de caráter pedagógico, combinada com os requisitos arquitetônicos para o cumprimento das medidas.

A contenção interna é entendida como um processo ou, se preferir, uma das condições a que os sujeitos à medida socioeducativa se subordinam, para que reflitam sobre as violações que praticaram e decidam sobre o futuro exercício de sua cidadania. Essa tarefa deve ser feita por educadores treinados em métodos de contenção não violentos.

Em relação à segurança externa, que ela seja composta pelo próprio sistema local da política de segurança pública. No caso, a Polícia Militar, adotando-se regras específicas e precisas para os casos de motim, rebelião ou invasões externas, e as regras legais de emergências, de forma que a incolumidade dos cidadãos seja resguardada em quaisquer circunstâncias.

6.10 O controle externo das atividades da unidade

É fundamental que os planejadores, os coordenadores e os executores das atividades desenvolvidas pelos programas de privação de liberdade tenham em mente, com clareza — e que a política estadual correspondente claramente o explicite —, que tais programas estão adstritos a severos controles externos.

Os Conselhos de Direitos em nível nacional e estadual deverão deliberar sobre as formas de controle das ações desenvolvidas nesta área, de forma a garantir o cumprimento das normas gerais federais e o princípio da descentralização e dos direitos dos privados de liberdade.

Ao cidadão comum (ECA, art. 220) cabe a faculdade e a todo servidor público o dever de comunicar ao Ministério Público notícia de não oferecimento ou oferecimento irregular de programa de internação para os efeitos do artigo 208 do Estatuto. Cabe ao Conselho Tutelar, ao Ministério Público e ao Juiz da Infância e da Juventude fiscalizarem tais programas.

Como esta tem sido uma área onde tradicionalmente desrespeitam-se os direitos humanos, recomenda-se a criação de novas formas de controle externo, tais como os comitês ou conselhos comunitários. No caso, eles poderiam ser constituídos em cada unidade, compostos por organizações comunitárias de moradores, sindicais, movimentos ou organizações vinculadas à defesa dos direitos individuais e políticos, de direitos humanos, inclusive do legislativo. Teriam os papéis básicos de: contribuir para o controle da qualidade dos serviços prestados e serem inibidores de violações aos direitos desses adolescentes.

III. A operacionalização das medidas socioeducativas

1. Articulação em rede

A aplicação de medidas socioeducativas não pode acontecer isolada do contexto social, político e econômico em que está envolvido o adolescente. Antes de tudo, é preciso que o Estado organize políticas públicas para assegurar, com prioridade absoluta, os direitos infantojuvenis. Somente com os direitos à convivência familiar e comunitária, à saúde, à educação, à cultura, esporte e lazer, e demais direitos universalizados, será possível diminuir significativamente a prática de atos infracionais cometidos por adolescentes.

Complementarmente às políticas sociais básicas, cabe aos serviços de assistência social a garantia de proteção aos mais vulnerabilizados e vitimizados por meio de programas de proteção tais como: apoio socioeducativo em meio aberto, abrigo, apoio sociofamiliar e demais programas previstos no ECA.

As medidas socioeducativas precisam estar articuladas *em rede*, neste conjunto de serviços, assegurando assim uma atenção integral aos direitos e ao mesmo tempo o cumprimento de seu papel específico.

O conceito de *rede* está inserido na própria definição do ECA sobre a política de atendimento como um conjunto articulado de ações governamentais e não governamentais da União, do Estado e do município. Este conjunto articulado de ações deve considerar a distinção entre Estado e sociedade civil, estabelecendo papéis claramente delimitados para ambos.

A relação entre Estado e sociedade civil deve ser pautada pela explicitação e publicização da diversidade dos pontos de vista e interesses existentes, buscando a construção de consensos e a implementação das políticas.

A articulação em rede dos serviços e programas destinados à infância e à juventude caracteriza-se por:

a. atuação privilegiada do Conselho de Direitos, enquanto espaço de elaboração e deliberação sobre a política de direitos;

b. existência de uma coordenação no âmbito governamental que articule ações, otimize recursos, priorize área de intervenção e evite o paralelismo e a superposição de ações;

c. existência de um núcleo de planejamento, monitoramento e avaliação que concentre informações de interesse comum, análises e projeções que subsidiem a definição e reordenamento permanente das atribuições de cada programa membro da rede;

d. unificação dos procedimentos e explicitação dos critérios de acesso aos serviços, assegurando o tratamento indiscriminatório e transparente aos usuários;

e. capacitação dos prestadores de serviços com o objetivo de qualificar sua intervenção e aumentar sua eficiência e eficácia;

f. socialização de equipamentos e tecnologia para o uso comum e ampliação do impacto dos serviços;

g. outras atribuições que possam demandar os membros da rede.

2. A integração operacional dos órgãos do Judiciário, Ministério Público, Defensoria, Segurança Pública e Assistência Social

A integração operacional dos órgãos do Judiciário, Ministério Público, Defensoria, Segurança Pública e Assistência Social para efeito da agilização do atendimento inicial a adolescente a quem se atribua ato infracional (art. 88, V) vem sendo reclamada na maioria dos estados brasileiros. A não existência desta integração faz com que os adolescentes sejam desrespeitados em seus direitos, ou prazos legais extrapolados, sendo expostos a riscos graves, como manutenção em delegacias de adultos, por vezes com grave ameaça à integridade física.

Há de se tratar com um Centro de Atendimento Integrado destinado *exclusivamente* ao adolescente a quem se atribua prática de ato infracional, que não pode ser confundido com outros serviços auxiliares do Conselho Tutelar como, por exemplo, o SOS Criança.

Parte II

Pesquisa quantitativa sobre adolescentes privados de liberdade no Brasil

Ficha técnica:

Coordenação geral: Mário Volpi
Pesquisadora: Consuelo M. C. Cordeiro
Textos: Consuelo M. C. Cordeiro e Mário Volpi
Revisão dos dados: Soraya Fernandes Martins

Coleta de dados:

Estado	Responsáveis
Acre	Kely Pessoa de Oliveira e Silva
Alagoas	Eliana Nobre David Craveiro Costa
Amapá	Lenize Soraya Almira de Lira
Amazonas	Rosa Maria Baima Nogueira
Bahia	Maria de Fátima Silva Oliveira
Ceará	Maria da Penha de Moura
Distrito Federal	Solange Stela S. Marfins e Maria Beatriz S. Carvalho
Espírito Santo	Sanilda F. dos Santos e Amélia Faria Bonfim
Goiás	Agnaldo Algusto da Cruz e Gilne Maria Dias
Maranhão	Glória Maria Silva Braga
Mato Grosso	Elizeu Marques de Farias
Mato Grosso do Sul	Vera Lúcia Amorim da Costa
Minas Gerais	Saremi (Superintendência de Atendimento e Reinclusão do Menor Infrator)

Pará	Alcidéa Teixeira, Paola Rios e Ana Alho
Paraíba	Jupiratan de Aguiar Ramos
Paraná	Luiz Renato Araújo Costa e Maria Tereza de Moraes e Silva
Pernambuco	Mirian Dantas
Piauí	Regina Maria O. de Santana
Rio de Janeiro	Artur Pereira Cardoso Neto
Rio Grande do Norte	Maria de Lourdes Melo e Neuma Neves Câmara da Silva
Rio Grande do Sul	Maria Odete Rodrigues Bichueti e Mana Josefina Becker
Rondônia	Wilson Donizete Liberati
Roraima[1]	
Santa Catarina	Ana Cristina de Oliveira
São Paulo	Maria Ângela Leal Rudge
Sergipe	José Roberto Aciole
Tocantins[2]	

Agradecimentos:
Fernando Velho
Ludmila Pacheco
Maria Josefina Becker
Neide Castanha
Sandra Francesca Conte de Almeida

---

1. A Secretaria do Trabalho e Bem-Estar Social do Estado de Roraima informou que não havia como fornecer estes dados por estar a Casa de Privação de Liberdade de Adolescentes Autores de Ato Infracional em fase de construção.

2. A Fundação Santa Rita de Cássia, de Palmas, informou não haver no Estado de Tocantins uma instituição para acolher os adolescentes autores de ato infracional. Por este motivo, estes jovens são atendidos pela Delegacia da Infância e da Juventude e liberados pela promotora.

I. Introdução

A análise dos documentos e da literatura produzidos sobre a infância empobrecida no Brasil revela que o tratamento dispensado a essas crianças e adolescentes, desde a colonização, tem sido repressivo e discriminatório.

O primeiro Juízo de Menores; criado em 1923, estabeleceu um novo padrão em relação à prática jurídica dirigida até então ao "menor", pautando-se em diagnósticos que apoiavam-se em conceitos, teorias e técnicas considerados científicos — oriundos principalmente da Medicina, da Psiquiatria e da Psicologia — e que classificavam o "menor" dentro dos padrões de normalidade, proporcionando, assim, a legitimação científica a uma prática de exclusão e estigmatização.

Nas unidades de internação, onde eram confinados após o "estudo" de seu "comportamento desviante", predominavam a violência, o preconceito e a violação dos direitos humanos, a ponto de elas terem sido denunciadas como "escolas do crime".

O início da década de 1980 foi marcado pelo ressurgimento dos movimentos sociais, que impulsionaram o processo de redemocratização do país após uma ditadura de mais de vinte anos. A mobilização da sociedade no combate ao arbítrio e na consolidação de um Estado democrático de direito traduziu-se, nesta área, na elaboração, aprovação e entrada em vigor do Estatuto da Criança e do Adolescente.

O ECA instituiu mudanças substanciais no tratamento que o Estado dispensava à criança e ao adolescente empobrecidos. A principal, porque dela derivam todas as outras e porque implica novos deveres do Estado para com essa parcela da população, é a mudança do enfoque doutrinário da "situação irregular" para o da "proteção integral" à criança e ao adolescente. Compreende-se, a partir dessa nova concepção da criança e do adolescente empobrecidos, que não são eles que estão em situação irregular, e sim as condições de vida a que estão submetidos. Portanto, a ação do governo e da sociedade não deve ser direcionada exclusivamente para o controle e a repressão dessa parcela da população, mas para a garantia de condições de vida com dignidade.

O que se pode constatar atualmente, porém, é que há uma dicotomia entre a produção teórica sobre a criança e o adolescente e o atendimento dispensado aos mesmos. Rizzini (1993) informa que esta dicotomia, existente desde a criação do primeiro Juízo de Menores, permanece até os dias atuais, já que na maioria das regiões do país a implementação efetiva das mudanças preconizadas pelo ECA só ocorreu no plano legal.

Um dos fatores que certamente contribui para essa situação é a resistência de determinados segmentos da sociedade — caso de alguns setores do Poder Judiciário, da imprensa, das organizações policiais e do empresariado —, que atribuem ao Estatuto a responsabilidade pelo aumento da delinquência e defendem a tese do rebaixamento da maioridade penal.

Outros segmentos da sociedade brasileira têm também defendido o rebaixamento da maioridade penal, em decorrência sobretudo do sentimento de insegurança frente à ineficácia dos poderes públicos no combate eficiente à criminalidade, bem como da interiorização, por parte dessa mesma sociedade, da ideologia da deficiência e da periculosidade da pobreza.

O que se constatou, entretanto, quando da busca de dados para esta pesquisa, foi que a aprovação ao rebaixamento da maioridade penal por alguns segmentos da população brasileira não está respaldada em dados, estudos e pesquisas que permitam efetuar uma análise da situação do adolescente em conflito com a lei.

A inexistência de parâmetros objetivos para medir a dimensão quantitativa real da delinquência juvenil, para Mendez, acaba sendo substituída "por instâncias externas, tanto ao sistema da justiça, quanto às políticas sociais: uma opinião pública que se move a golpes de alarme social" (1993, p. 238).

O *Documento Preliminar para Debate e Aprofundamento* apresenta sugestões ao Departamento da Criança e do Adolescente, do Ministério da Justiça, para a implementação das medidas socioeducativas previstas no ECA. De acordo com esse documento existe, atualmente, "uma ação descolada entre o aplicador das medidas (Poder Judiciário) e o executor dos programas de atendimento (Poder Executivo). Além disso, não se conta com dados e informações sistematizados que permitam a elaboração de diagnósticos estaduais, salvo exceção, em relação ao fenômeno da infração" (1995, p. 21).

Sabe-se que os dados existentes são extremamente precários, não existindo uma conformação que informe quantos são os adolescentes brasileiros privados de liberdade, qual a faixa etária predominante, o nível de escolarização e outros dados imprescindíveis para subsidiar qualquer ação na área do adolescente autor de ato infracional.

Assim sendo, essa pesquisa, realizada pelo MNMMR/DF com apoio do Unicef, tem como objetivos contribuir, com os dados colhidos junto às unidades de privação de liberdade de todos os estados brasileiros, para um debate mais amplo, sério e consistente em relação ao rebaixamento da maioridade penal e à aplicação de medidas socioeducativas de internação a adolescentes autores de ato infracional.

II. Método

Sujeitos

4.245 crianças e adolescentes privados de liberdade no Brasil.

Instrumentos

Os dados foram coletados por meio de questionários compostos de perguntas fechadas, que tinham como objetivo levantar dados quantitativos e traçar o perfil do adolescente brasileiro privado de liberdade. As perguntas buscavam as seguintes informações: faixa de renda familiar, situação ocupacional anterior à internação, grau de instrução, frequência à escola, sexo, faixa etária, procedência, uso de drogas, motivo da internação e duração da medida de internação.

Procedimentos

Coletas de dados

Foram enviados questionários a todas as instituições estaduais responsáveis pelas unidades de internação de todos os estados brasileiros, solicitando-se aos responsáveis pelas mesmas que enviassem as informações requeridas ao Movimento Nacional de Meninos e Meninas de Rua (DF). Os dados foram coletados de outubro de 1995 a abril de 1996. Vinte e seis Estados o Distrito Federal responderam e enviaram os dados solicitados.

É importante ressaltar que os adolescentes privados de liberdade não tiveram acesso a esses questionários, os quais foram respondidos pelos responsáveis pelas unidades de internação.

Análise e tratamento dos dados

Os dados foram analisados quantitativamente, considerando-se a frequência de ocorrência por categoria e por estado. Como se trata de uma pesquisa quantitativa, não é intenção da mesma oferecer análises conclusivas, sim uma referência para o debate do tema.

É importante enfatizar que alguns estados não responderam de forma rigorosa a algumas questões levantadas, como pode ser observado nas tabelas. Por isso, utilizou-se a coluna "sem informação" para as incongruências.

III. Resultados e discussão

A presença de crianças e adolescentes lutando pela sobrevivência nas ruas das cidades denuncia os efeitos que a pobreza exerce sobre as famílias de baixa renda e o fracasso dos modelos de desenvolvimento econômico concentradores e excludentes.

Ribeiro e Sabóia (1993) informam que o Brasil, em 1989, contava com uma população de crianças e adolescentes de 59 milhões, representando 41% da população total. A maioria desta população vivia em condições de extrema pobreza. No ano citado, cerca de 50,5% das crianças e adolescentes faziam parte de famílias cujo rendimento mensal *per capita* era de no máximo meio salário mínimo, e 27,4% viviam em famílias que recebiam um quarto ou menos do salário mínimo.

A pobreza a que estão submetidas as famílias destas crianças se revela também em outros indicadores. Dados da PNAD, consultados por Ribeiro e Sabóia (1993), relativos ao acesso à infraestrutura de saneamento básico, demonstram que, ainda em 1989, 55% das crianças e adolescentes brasileiros viviam sem infraestrutura adequada de esgoto, 43% sem água encanada, 46% sem coleta de lixo, e 18% sem luz elétrica. A incidência de altos índices de mortalidade infantil está ligada a esses fatores. Em 1987, a diarreia infecciosa foi a causa de óbito de 20,8% das crianças que morreram antes dos 2 anos de idade.

A situação de pobreza a que estão submetidas a maior parte das crianças e adolescentes brasileiros, por seu lado, acaba geralmente por levá-las à entrada precoce no mundo do trabalho, que tem sido uma das estratégias utilizadas com maior frequência pelas famílias pobres para compensar a sua redução de renda, consequente de fatores como desemprego, perda do valor real do salário e/ou outros.

O documento organizado por Fausto e Cervini (1991) informa que estudos realizados na área da inserção de crianças e jovens no mercado de trabalho têm constatado que as crianças começam a trabalhar mais cedo em contextos urbanos de maior pobreza. As relações entre a pobreza e o trabalho infantojuvenil podem ser ilustradas, de acordo com este documento, pela origem familiar daqueles que trabalham, expressas pelo salário familiar. Nas áreas urbanas brasileiras, as famílias pobres (até um salário familiar *per capita*) fornecem quase 75% do total da força de trabalho infantojuvenil.

O documento citado aponta também para o fato de que a maioria do trabalho infantojuvenil é de jornada completa e que a intensidade do trabalho é em função da idade, ou seja, o tempo de trabalho das crianças é menor do que o dos adolescentes. Contudo, embora a jornada de trabalho completa ocorra mais frequentemente na faixa etária de 15 a 17 anos (79,1%), mais da metade das crianças de 10 a 14 anos que trabalham na área urbana (53,7%) o fazem em jornada completa.

Rizzini (1993) informa que, de acordo com dados do IBGE de 1990, apenas uma pequena parte das crianças que trabalha possui vínculos empregatícios e proteção da legislação específica. Para Barros (1991), o mercado informal de trabalho é responsável pela ocupação de aproximadamente 95% das crianças e adolescentes que trabalham.

Os dados deste estudo confirmam a relação entre trabalho de crianças e adolescentes no Brasil e pobreza. A renda familiar da maioria dos adolescentes — 73,3% — como se pode observar no Quadro 1,[1] situa-se na faixa compreendida entre nenhum rendimento e dois salários mínimos.

Assim, seria simples estabelecer uma relação de causa e efeito entre a pobreza sofrida cotidianamente por esses adolescentes e os atos infracionais por eles

---

1. Os quadros de 1 a 10 e seus respectivos gráficos estão em "Quadros e Gráficos" (p. 91).

cometidos. É falso, porém, de um ponto de vista sociológico, que a miséria produza violência, já que a relação entre as duas não é biunívoca. Hoje trabalha-se com a ideia de que a violência é provocada por vários fatores que, dependendo do contexto, desempenham pesos diferentes.

Há alguns anos, segundo Calligaris, surgiu a ideia de que "a relação entre os parâmetros de um fato social complexo não é linear, mas segue curvas parecidas com aquelas que descrevem as epidemias" (1996, p. 5).

A violência endêmica, para Pinheiro (1996), agravou-se nas duas últimas décadas, aqui no Brasil e na América Latina em geral, em parte como consequência das políticas econômicas que aprofundaram a concentração de renda e condenaram milhões à pobreza e à exclusão social. Aqueles mais afetados pelo desemprego e marginalizados do sistema educacional são os que sofrem maior risco de serem vítimas da violência arbitrária da polícia, bem como da criminalidade comum. Assim, na maior parte das metrópoles latino-americanas, há uma correlação positiva entre as comunidades pobres e a mortalidade por causas violentas.

Apesar desta realidade, no entanto, as classes mais favorecidas economicamente tendem a ver o crime como uma ameaça constante das classes empobrecidas, as "classes perigosas" que precisam ser mantidas afastadas, sob controle e repressão, se possível isoladas nas prisões, que por seu lado também devem estar situadas o mais longe possível das "pessoas de bem".

Mas quanto à situação ocupacional dos adolescentes anterior à internação, a análise do Quadro 2 revela que embora 52,6% deles não trabalhassem, havia 47,3% que o faziam, sendo que, destes, somente 6,8% possuíam carteira assinada.

A doutrina atual da Organização Internacional do Trabalho (OIT), fixada na Convenção n. 138 e na Recomendação n. 146, de 1973, sobre a idade mínima de admissão ao emprego, coloca o princípio da proibição de "empregar crianças que não tenham atingido a idade em que cessa a escolaridade obrigatória" (*Revista Fóruns DCA*, 1993, p. 54).

Apesar de as normas da OIT terem influenciado enormemente o conteúdo das legislações dos seus Estados-membros, há, entretanto, uma enorme dicotomia entre a lei e sua execução. É preciso que os poderes públicos invistam mais na luta contra o trabalho infantil e coloquem em prática um programa de urgência, priorizando a educação das crianças e adolescentes, já que esta é uma arma essencial na luta contra o trabalho infantil.

Como apontam Ribeiro e Sabóia (1993), vários autores (Zylberstajn, Calsing, Pires, Barros e Mendonça) têm mostrado que o fato de trabalhar prejudica a escola, devido a fatores como a jornada de trabalho prolongada, distância entre local de trabalho e moradia, e ignorância e/ou desrespeito, por parte da escola, das condições de vida do aluno empobrecido, entre outros.

A relação entre educação e trabalho se situa no centro do problema da construção de uma sociedade mais igualitária e democrática. A infrequência e a evasão escolar estão muito frequentemente ligadas à questão do trabalho infantil. Cervini e Burger (1991) afirmam que é precisamente na faixa de 10 a 14 anos que se acelera a incorporação ao mercado de trabalho e é quando, consequentemente, o trabalho opera como um mecanismo conflitante com o sistema escolar, promovendo defasagens e exclusão. Assim, os níveis de não frequência à escola e a defasagem idade-série nos adolescentes trabalhadores são muito mais pronunciados do que nas crianças.

Como pode ser observado no Quadro 3, a grande maioria dos adolescentes pesquisados — 96,6% — não concluiu o ensino fundamental. A porcentagem de analfabetos é de 15,4%. O número de adolescentes que concluíram o 2º grau, consequentemente, torna-se praticamente nulo — 7 de um total de 4.245 (cujas informações foram obtidas), o que representa a ínfima parcela de 0,1%.

A análise do Quadro 4 vem, mais uma vez, confirmar o perfil seletivo e discriminatório do sistema público escolar brasileiro: dos 4.245 adolescentes, sujeitos desta pesquisa, 2.498 — 61,2%, portanto — não frequentavam a escola por ocasião da prática de ato infracional.

Os números de escolarização do Brasil, se comparados ao do resto do mundo, dão-nos um retrato da situação calamitosa em que se encontra a educação brasileira: analisando-se os dados do relatório Situação Mundial da Infância (Unicef, 1994), constata-se que, em relação ao número de alunos matriculados na primeira série que concluíram o 1º grau em 1988, o Brasil só perde para a Guiné-Bissau (8%) e o Haiti (9%). No Brasil, apenas 22% chegaram a concluir o 1º grau no ano de 1988.

Fica patente, assim, a necessidade do sistema educacional brasileiro, como um todo, e da escola, em particular, revolucionarem a educação por meio da garantia, não só do acesso, mas também da permanência de todas as crianças e adolescentes na escola e, em especial, daqueles que vêm sendo dela sistematicamente excluídos: a população de baixa renda, da zona rural, as crianças e adolescentes trabalhadores ou os que ficam nas ruas, os jovens e os adultos não alfabetizados.

Quanto ao gênero dos adolescentes privados de liberdade, 3.987 — 94,8% — pertencem ao sexo masculino, enquanto 220 — apenas 5,2%, portanto — pertencem ao sexo feminino (de 38 sujeitos não foram fornecidas informações).

Não dispomos de dados sobre a escolarização das meninas deste estudo, mas sabe-se que, geralmente, atendendo à necessidade dos pais de saírem para trabalhar, as meninas dedicam-se aos afazeres domésticos e ao cuidado dos irmãos, que constituem-se no principal componente do trabalho infantojuvenil feminino, especialmente nas áreas mais informalizadas e pobres.

Os níveis de incorporação ao mercado de trabalho, segundo Cervini e Burger (1991), são bastante diferentes quando analisados por gênero. Em geral, os meninos trabalham mais do que as meninas. Para o conjunto das áreas urbanas, as mulheres, tanto crianças como adolescentes, executam trabalhos extradomésticos cerca de 40% menos que os homens.

O predomínio do mercado informal e, principalmente, o trabalho de rua inibem a saída da menina ao mercado de trabalho, juntamente com os baixos rendimentos, que não estimulam sua participação no mercado de trabalho; por isso a produtividade feminina está, frequentemente, "escondida nas casas, nos campos e no setor informal" (Cervini e Burger, 1991 p. 23).

Um outro fator que deve ser considerado quando se discute a participação de crianças e adolescentes no mercado de trabalho é a exploração sexual infantojuvenil, pois sabe-se que esta é uma atividade da qual crianças e adolescentes de ambos os sexos, com predominância do sexo feminino, lançam mão como estratégia de sobrevivência.

A permanência mais prolongada das meninas no lar tem sido apontada como um dos fatores responsáveis pela sua maior frequência à escola, pela sua menor presença nas ruas e pelo seu menor envolvimento em ato infracional, o que pode ser verificado nos dados apresentados no Quadro 5.

Em relação à faixa etária dos adolescentes, pode-se observar, no Quadro 6, a escala ascendente a partir dos 12 anos de idade, iniciando com 1,2% e alcançando, aos 17 anos, seu índice máximo, com 29,2% dos adolescentes, sendo que a faixa etária predominante se situa entre 15 e 18 anos, com 82,8% dos adolescentes. Haveria de se mencionar a inclusão no cômputo de "adolescentes" entre 19 e 21 anos.

Chama a atenção, porém, a existência de cinco casos de crianças abaixo de 12 anos que se encontram privadas de liberdade, quando se sabe que, de acordo com o artigo 104 do ECA, ao ato infracional "cometido por criança corresponderão as medidas previstas no artigo 101", que vão desde o "encaminhamento aos pais ou responsável mediante termo de responsabilidade" até a "colocação em família substituta", excluindo, entretanto, a possibilidade de que o Estado, nos seus níveis federal, estadual e municipal, prive de liberdade crianças menores de 12 anos.

O Quadro 7 mostra a procedência da população estudada: 42% das crianças e adolescentes são provenientes das capitais dos estados, 20% das regiões metropolitanas e 36,5% do interior dos estados.

É preocupante o número de adolescentes privados de liberdade usuários de drogas, como pode ser observado no Quadro 8: 53% contra 47,7% não usuários. Devido a uma falha no questionário enviado às unidades de internação, não foi possível verificar se os adolescentes eram usuários de drogas quando do ato da internação ou se esses dados se referem ao uso dentro das unidades após a internação. Neste caso, há que se perguntar como é possível fazerem uso de drogas estando internados?

Como pode ser verificado no Quadro 9, o roubo é a conduta infracional de maior ocorrência entre esta população, com 33,4%, seguido do furto, com 23,8%. O terceiro lugar é ocupado pela modalidade "outros", que inclui desde a vadiagem e a mendicância até o assalto à mão armada. O número de adolescentes que cometeram homicídio e latrocínio é de 788, representando 18,6% de um total de 4.245, o que desfaz o mito da periculosidade desta população.

No Quadro 10 pode-se analisar a duração da internação dos adolescentes. Constata-se que 61,4% deles — a maioria, portanto — estão internados há menos de um ano; em segundo lugar os que estão em internação provisória, 22%; e em terceiro lugar os que estão internados de 1 a 2 anos, apenas 11,4%.

É importante observar que a sentença dada pelo juiz não define a duração da medida. De acordo com estabelecido pelo ECA, no seu artigo 121: "A medida não comporta prazo determinado, devendo sua manutenção ser reavaliada, mediante decisão fundamentada, no máximo a cada seis meses".

IV. Considerações finais

Os dados apresentados nesta pesquisa esboçam o perfil dos adolescentes privados de liberdade no Brasil e pretende-se, com a apresentação e a análise dos mesmos, contribuir com algumas reflexões destinadas a superar a esterilidade dos debates que têm se travado atualmente, muitas vezes polarizados entre duas posições igualmente equivocadas: os que advogam o aumento da repressão contra crianças e adolescentes — manifestando-se, por exemplo, na defesa da redução da imputabilidade penal — e os que se negam ao reconhecimento da existência de infrações penais graves cometidas por adolescentes, assumindo uma atitude paternalista e irresponsável com relação ao problema.

É também objetivo deste estudo contribuir para a desconstrução de alguns mitos que foram sendo criados e introjetados ao longo do tempo pela sociedade brasileira. O primeiro deles é o do *hiperdimensionamento*, que consiste em considerar que os atos infracionais praticados por adolescentes representam parcela muito significativa dos crimes ocorridos no país.

Como se pode verificar por meio dos dados apresentados nesta pesquisa, a dimensão quantitativa dos adolescentes autores de ato infracional no Brasil é reduzida, se comparada ao número de adultos também autores de ato infracional. De acordo com o Censo Penitenciário Nacional do Ministério da Justiça de 1994, que seguiu o critério adotado pelos institutos das Nações Unidas (ONU) para estabelecer a correlação entre o número de presos e a população do país, considerando um preso por 100 mil habitantes, a média de adultos presos no Brasil, no ano de 1994, era de 88 por 100 mil habitantes.

Considerando-se o mesmo critério para os adolescentes privados de liberdade, obtém-se a média de aproximadamente 2,7 adolescentes autores de ato infracional por 100 mil habitantes nos anos de 1995/96, período em que os dados desta pesquisa foram coletados.

O segundo mito é o da *periculosidade*. Analisando-se os atos infracionais cometidos pelos adolescentes pesquisados neste estudo, verifica-se que 57,3% deles foram cometidos contra o patrimônio, enquanto 19,1% foram cometidos contra a pessoa humana.

Dados similares aparecem em outras pesquisas, como a realizada pelo Gajop (Gabinete de Assessoria Jurídica às Organizações Populares), que analisou as sentenças prolatadas pelos juízes das duas Varas da Infância e da Juventude da Comarca de Recife, abrangendo o período de 1994. Neste estudo, os atos infracionais cometidos contra o patrimônio representam 22%, enquanto os cometidos contra a pessoa humana representam apenas 3%.

Um terceiro estudo, realizado pela Segunda Vara da Infância e da Juventude do Rio de Janeiro no ano de 1995 mostra que os atos infracionais cometidos contra o patrimônio representam 57%, em contraposição aos 10% cometidos contra a pessoa.

As conclusões óbvias a que se chega, com a análise desses dados, são:

a. o número de atos infracionais praticados por adolescentes, quando comparado aos da população adulta infratora, é reduzido; e

b. os atos infracionais mais graves, como o latrocínio, o estupro e o homicídio representam um percentual pequeno em relação aos atos infracionais praticados contra o patrimônio, que se compõem, em sua maioria, segundo o estudo do Gajop, de furtos de relógios, bolsas e alimentos em supermercados.

E, finalmente, o terceiro mito: o da *irresponsabilidade penal*. O desconhecimento do ECA, bem como a resistência de alguns setores da sociedade brasileira à sua implantação, tem levado a uma visão distorcida dos avanços dessa lei no que concerne à proteção integral a crianças e adolescentes. Assim, acusa-se o ECA de não prever medidas que coíbam a prática de atos infracionais, estimulando o aumento da delinquência infantojuvenil.

É inteiramente falso, porém, dizer que os adolescentes não são responsabilizados pelos seus atos. Neste sentido, foram previstas no ECA várias medidas, que vão desde a advertência, a obrigação de reparar o dano, a prestação de serviços à comunidade e a liberdade assistida até a privação da liberdade, que é a última das medidas na hierarquia das medidas socioeducativas preconizadas pelo ECA e que deve ser aplicada somente nos casos de grave infração, já que o objetivo principal das medidas é o seu caráter pedagógico e não punitivo.

O Estatuto da Criança e do Adolescente, em seu artigo 103, define o ato infracional como "a conduta descrita como crime ou contravenção penal". A responsabilidade pela conduta, segundo o ECA, começa aos 12 anos.

Ao definir de tal forma o ato infracional, o ECA, em correspondência com a Convenção Internacional dos Direitos da Criança, considera o adolescente autor de ato infracional como uma categoria jurídica, sujeita aos direitos estabelecidos na Doutrina da Proteção Integral.

É preciso considerar o adolescente autor de ato infracional na sua relação específica com o sistema de justiça. Assim, a política de atendimento aos direitos da criança e do adolescente, no que diz respeito ao adolescente autor de ato infracional, deve acatar os princípios da Constituição Federal e do Estatuto da Criança e do Adolescente.

As medidas de proteção à criança e ao adolescente, preconizadas pelo ECA, bem como as medidas socioeducativas previstas para o adolescente, não possuem caráter punitivo, visando, antes, à reinserção social, mediante o fortalecimento dos vínculos familiares e comunitários. As medidas socioeducativas representam um avanço, porque incorporam a discussão que se realiza, em nível mundial, de que a privação de liberdade só deve ser adotada em casos extremos, já que é comprovada a ineficácia do sistema penal tradicional — baseado na prisão — para a reintegração do jovem na sociedade.

As medidas socioeducativas têm se mostrado eficazes, quando adequadamente aplicadas e supervisionadas. O que é preciso é criar mecanismos de controle para fazer valer o Estatuto. Para Mendez (1995), o requisito imprescindível para superar a impressão de impunidade que é transmitida pelos meios de comunicação é a efetivação de um sistema de responsabilidade penal que supere o binômio arbitrariedade-impunidade, substituindo-o pelo binômio severidade — com justiça que deverá caracterizar uma visão abalizadora da administração de um novo tipo de justiça para a infância e adolescência.

É preciso garantir a aplicação de medidas pedagógicas aos adolescentes privados de liberdade, garantindo seus direitos e explicitando, ao mesmo tempo, suas obrigações.

Para Mendez (1995), qualquer proposta de trabalho com jovens privados de liberdade deve começar por enfrentar dois aspectos. O primeiro diz respeito ao objetivo primordial a ser alcançado pelos programas de atendimento a essa população, os quais devem estar orientados para identificar e reduzir os efeitos negativos da privação de liberdade. O segundo se refere ao conjunto das atividades pedagógicas que devem estar dirigidas para a reintegração a mais rápida possível destes adolescentes ao mundo exterior.

Assim, entre os direitos do adolescente privado de liberdade inclui-se o direito de receber escolarização e profissionalização.

O ECA, no seu artigo 90, estabelece a descentralização do atendimento ao dispor que "as entidades de atendimento são responsáveis pela manutenção das próprias unidades, assim como pelo planejamento e execução de programas de proteção e socioeducativos destinados a crianças e adolescentes em regime de internação", entre outros.

Na discussão realizada pelos diversos consultores que elaboraram o *Documento Preliminar para Debate e Aprofundamento* (1995), para a implementação das medidas socioeducativas previstas no ECA, consta que:

"Cabe, portanto, à política estadual, extinguir os atuais modelos centralizados segundo padrões calcados na velha política nacional do bem-estar do menor, substituindo-os por programas pedagogicamente formulados para atender ao tipo de adolescente e ao tipo de criminalidade próprios da comunidade local. Atendidas as exigências da Constituição e do ECA, haverá tantos modelos pedagógicos quantas forem as unidades de atendimento, que deverão inclusive em sua denominação afastar-se das matrizes burocráticas hoje vigentes.

Cada internato será uma unidade com denominação própria, estilo e proposta identificada pela equipe de professores, orientadores, profissionais das ciências humanas, trabalhadores sociais e pelos adolescentes internos dela participantes.

O que tipificará tais estabelecimentos deverá ser o fim social a que eles se destinam. Para esse fim estarão voltados os meios pedagógicos utilizados em sua dinâmica: Tal fim social é o exercício da cidadania plena pelo adolescente submetido por lei à medida socioeducativa. O conteúdo pedagógico estará voltado, portanto, para os elementos que compõem o artigo 6º do Estatuto: os fins sociais a que o ECA se dirige; as exigências do bem comum; os direitos e deveres individuais e coletivos; a condição peculiar do adolescente como pessoa em desenvolvimento.

O trabalho educativo deve, assim, visar a educação para o exercício da cidadania, trabalhando eventos específicos da transgressão às normas legais por meio de vivências que possam contribuir para a construção do projeto de vida do adolescente privado de liberdade".

Referências

BARROS, J. Uma bandeira para o sindicalismo. Ceap-CUT. *Criança, Adolescente, Trabalho e Sindicalismo*, n. 2, p. 15-16, 1991.

CALLIGARIS, C. A praga escravagista brasileira. *Folha de S.Paulo*, set. 22, 1996, caderno Mais!

CERVINI, R.; BURGER, F. O menino trabalhador no Brasil urbano dos anos 80. In: _____; FAUSTO, A. (Orgs.). *O trabalho e a rua*: crianças e adolescentes no Brasil urbano dos anos 80. São Paulo: Cortez, 1991.

CONSELHO NACIONAL DE POLÍTICA CRIMINAL E PENITENCIÁRIA. Brasília: Ministério da Justiça, Censo Penitenciário Nacional, 1994. (Mimeo.)

ESTATUTO DA CRIANÇA E DO ADOLESCENTE (ECA). Lei n. 8.069/90. Brasília, 1990.

FAUSTO, A.; CERVINI, R. (Orgs.). *O trabalho e a rua*: crianças e adolescentes no Brasil urbano dos anos 80. São Paulo: Cortez, 1991.

FÓRUM DCA. Posição do Fórum DCA frente à revisão constitucional. *Revista Fórum DCA*, n. 2, p. 6-9, 1993.

FUNDO DAS NAÇÕES UNIDAS PARA A INFÂNCIA (Unicef). *Situação Mundial da Infância*. Relatório. Brasília, 1994.

GABINETE DE ASSESSORIA JURÍDICA ÀS ORGANIZAÇÕES POPULARES (Gajop). *Perfil do adolescente infrator e medidas sócio-educativas*. Recife, 1995. (Mimeo.)

MENDEZ, E. G. Adolescentes infratores graves: sistema de justiça e política de atendimento. In: RIZZINI, I. (Org.). *A criança no Brasil hoje*: desafio para o terceiro milênio. Rio de Janeiro: Ed. Santa Úrsula, 1993.

_____. Adolescentes em conflito com a lei penal: segurança cidadã e direitos fundamentais. In: ASSEMBLEIA AMPLIADA DO CONANDA. *O ato infracional e as medidas socioeducativas*. Brasília, 1995. (Mimeo.)

PINHEIRO, P. S. As relações criminosas. *Folha de S.Paulo*, set. 22, 1996, caderno Mais!

PODER JUDICIÁRIO DO ESTADO DO RIO DE JANEIRO. *Entrada de crianças e adolescentes*. Rio de Janeiro, 1995.

RIBEIRO, R.; SABÓIA, A. Crianças e adolescentes na década de 80: condições de vida e perspectivas para o terceiro milênio. In: RIZZINI, I. (Org.). *A criança no Brasil hoje*: desafio para o terceiro milênio. Rio de Janeiro: Ed. Santa Úrsula, 1993.

RIZZINI, I. O elogio do científico: a construção do "menor" na prática jurídica. In: _____ (Org.). *A criança no Brasil hoje*:

desafio para o terceiro milênio. Rio de Janeiro: Ed. Santa Úrsula, 1993.

VV. AA. *Documento preliminar para debate e aprofundamento*: sugestões ao Departamento da Criança e do Adolescente do Ministério da Justiça, para a implementação das medidas socioeducativas previstas no ECA. Unicef, 1995. (Mimeo.)

Quadros
e
Gráficos

Quadro 1
Pesquisa quantitativa sobre adolescentes privados de liberdade no Brasil

Número de adolescentes por faixa de renda familiar
(em salários mínimos)

Estado	Sem renda	–1	1 a 2	2 a 3	4 a 5	+5	Sem informação	Total
Acre	23	15	05	04	02	01	00	50
Alagoas	07	05	12	02	00	01	00	27
Amapá	00	00	08	04	03	05	00	20
Amazonas	03	00	18	28	05	00	00	54
Bahia	00	00	00	00	00	00	85	85
Ceará	05	20	31	09	00	00	06	71
Distrito Federal	08	12	84	03	07	01	01	116
Espírito Santo	06	01	28	16	02	01	00	54
Goiás	00	00	04	00	00	03	00	07
Maranhão	15	01	09	08	03	04	00	40
Mato Grosso	42	25	110	50	07	50	00	284
Mato Grosso do Sul	11	03	45	17	05	06	00	87
Minas Gerais	00	10	97	35	03	00	00	145
Pará	00	12	45	07	02	00	4	70
Paraíba	16	25	38	07	01	03	00	90
Paraná	52	00	77	00	13	06	00	148
Pernambuco	20	08	10	00	00	00	00	38
Piauí	03	07	01	00	00	00	00	11
Rio Grande do Sul	03	122	122	38	00	10	233	511
Rio Grande do Norte	05	01	04	01	00	00	00	11
Rio de Janeiro	92	00	20	00	02	00	00	114
Rondônia	00	03	07	01	01	01	00	13
Roraima	00	00	00	00	00	00	00	00
Santa Catarina	08	04	26	16	10	06	01	69
São Paulo	00	00	00	00	00	00	2.090	2.090
Sergipe	07	05	25	01	00	02	00	40
Tocantins	00	00	00	00	00	00	00	00
Total	326	261	826	247	66	100	2.419	4.245

O ADOLESCENTE E O ATO INFRACIONAL

Gráfico 1

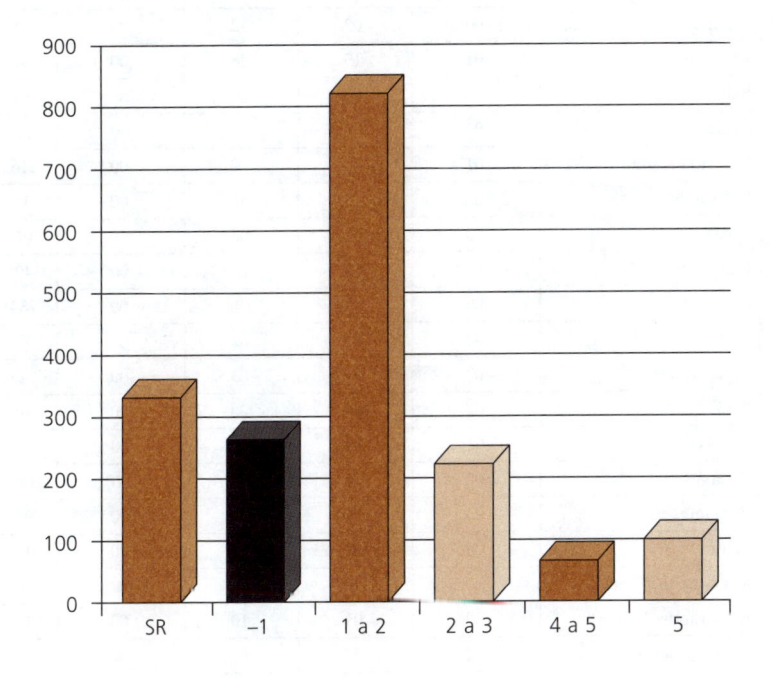

Quadro 2
Número de adolescentes por situação ocupacional anterior à internação

Estado	Carteira assinada	Trabalho informal	Não trabalha	Sem informação	Total
Acre	01	01	48	00	50
Alagoas	07	00	20	00	27
Amapá	00	08	12	00	20
Amazonas	01	15	38	00	54
Bahia	00	00	00	85	85
Ceará	00	38	33	00	71
Distrito Federal	01	45	70	00	116
Espírito Santo	02	16	36	00	54
Goiás	00	01	06	00	07
Maranhão	00	12	28	00	40
Mato Grosso	05	170	109	00	284
Mato Grosso do Sul	04	31	52	00	87
Minas Gerais	03	59	83	00	145
Pará	02	43	25	00	70
Paraíba	01	23	66	00	90
Paraná	00	00	08	140	148
Pernambuco	00	06	32	00	38
Piauí	00	03	08	00	11
Rio Grande do Sul	26	282	203	00	511
Rio Grande do Norte	00	01	10	00	11
Rio de Janeiro	02	42	64	00	114
Rondônia	02	06	05	00	13
Roraima	00	00	00	00	00
Santa Catarina	05	23	41	00	69
São Paulo	00	00	00	2.090	2.090
Sergipe	00	24	16	00	40
Tocantins	00	00	00	00	00
Total	62	849	1.013	2.321	4.245

Gráfico 2

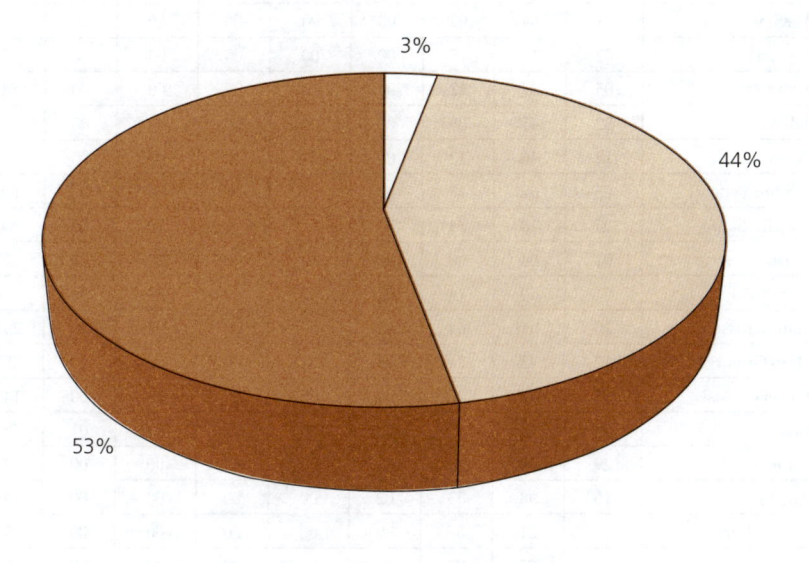

- 3%
- 44%
- 53%

☐ Carteira assinada

▨ Trabalho informal

■ Não trabalhava

Quadro 3
Número de adolescentes por grau de instrução

Estado	Analfabeto	até 4º do 1º grau	5º a 8º do 1º grau	1º grau comp.	2º grau incomp.	2º grau comp.	3º grau incomp.	Sem informação	Total
Acre	24	20	06	00	00	00	00	00	50
Alagoas	21	04	02	00	00	00	00	00	27
Amapá	02	13	05	00	00	00	00	00	20
Amazonas	05	37	12	00	00	00	00	00	54
Bahia	32	45	08	00	00	00	00	00	85
Ceará	12	46	12	00	01	00	00	00	71
Distrito Federal	05	62	48	00	01	00	00	00	116
Espírito Santo	05	13	34	00	02	00	00	00	54
Goiás	01	04	00	00	02	00	00	00	07
Maranhão	04	20	14	00	02	00	00	00	40
Mato Grosso	20	105	64	05	00	00	00	90	284
Mato Grosso do Sul	12	45	24	05	01	00	00	00	87
Minas Gerais	13	105	27	00	00	00	00	00	145
Pará	08	47	15	00	00	01	00	01	70
Paraíba	29	47	13	01	00	00	00	00	90
Paraná	15	98	33	02	00	00	00	00	148
Pernambuco	10	21	07	00	00	00	00	00	38
Piauí	04	05	02	00	00	00	00	00	11
Rio Grande do Sul	20	344	144	00	03	00	00	00	511
Rio Grande do Norte	04	04	02	00	00	00	00	01	11
Rio de Janeiro	25	56	27	04	02	00	00	00	114
Rondônia	01	05	05	01	01	00	00	00	13
Roraima	00	00	00	00	00	00	00	00	00
Santa Catarina	09	43	16	02	00	00	00	01	69
São Paulo	334	1.034	616	83	10	06	04	03	2.090
Sergipe	26	13	01	00	00	00	00	00	40
Tocantins	00	00	00	00	00	00	00	00	00
Total	**641**	**2.236**	**1.137**	**103**	**25**	**7**	**04**	**92**	**4.245**

Gráfico 3

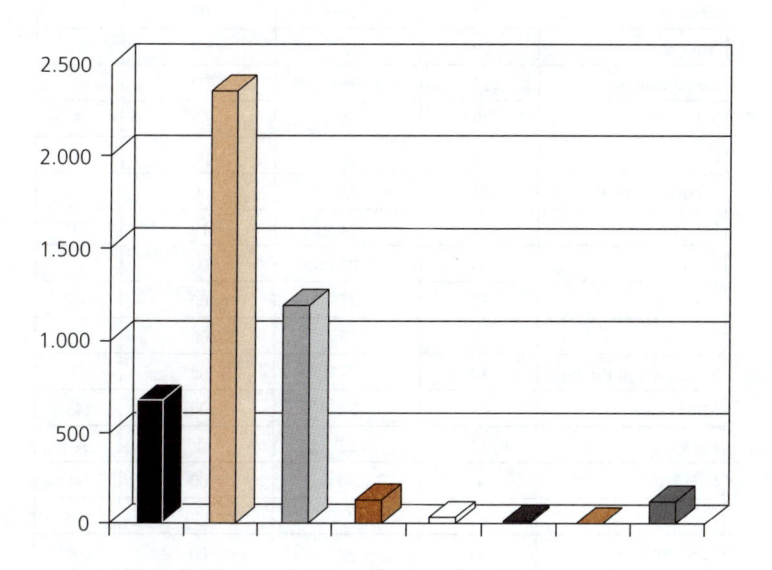

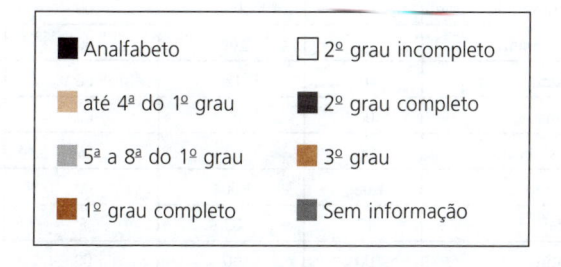

- Analfabeto
- até 4ª do 1º grau
- 5ª a 8ª do 1º grau
- 1º grau completo
- 2º grau incompleto
- 2º grau completo
- 3º grau
- Sem informação

Quadro 4
Número de adolescentes que frequentavam a escola ou não por ocasião da prática do ato infracional

Estado	Frequência	Não frequência	Sem informação	Total
Acre	00	50	00	50
Alagoas	03	24	00	27
Amapá	09	11	00	20
Amazonas	15	39	00	54
Bahia	19	66	00	85
Ceará	04	67	00	71
Distrito Federal	31	85	00	116
Espírito Santo	11	24	19	54
Goiás	04	03	00	07
Maranhão	13	27	00	40
Mato Grosso	209	75	00	284
Mato Grosso do Sul	10	77	00	87
Minas Gerais	63	82	00	145
Pará	17	52	1	70
Paraíba	1	80	00	90
Paraná	00	08	140	148
Pernambuco	00	38	00	38
Piauí	02	09	00	11
Rio Grande do Sul	47	464	00	511
Rio Grande do Norte	02	09	00	11
Rio de Janeiro	08	106	00	114
Rondônia	01	12	00	13
Roraima	00	00	00	00
Santa Catarina	06	63	00	69
São Paulo	1.086	1.004	00	2.090
Sergipe	12	23	5	40
Tocantins	00	00	00	00
Total	1.582	2.498	165	4.245

Gráfico 4

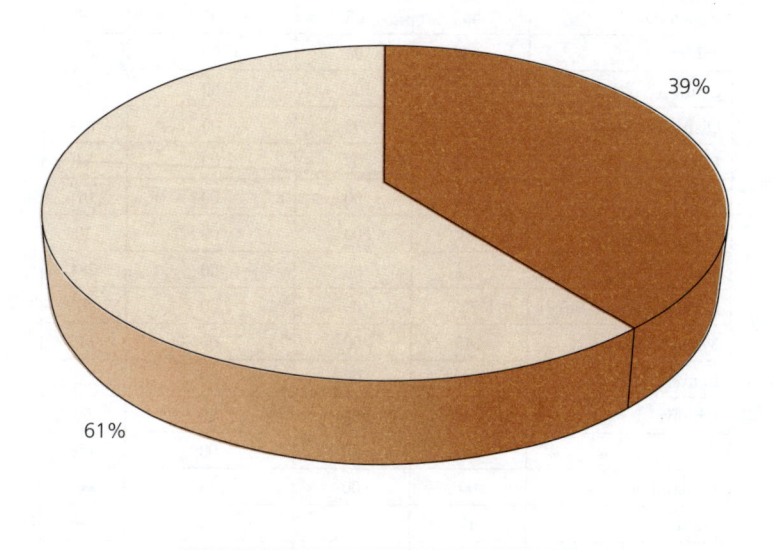

39%

61%

- Frequentavam
- Não frequentavam

Quadro 5
Número de adolescentes por sexo

Estado	Masculino	Feminino	Sem informação	Total
Acre	50	00	00	50
Alagoas	27	00	00	27
Amapá	20	00	00	20
Amazonas	46	08	00	54
Bahia	82	03	00	85
Ceará	65	06	00	71
Distrito Federal	113	03	00	116
Espírito Santo	51	03	00	54
Goiás	07	00	00	07
Maranhão	40	00	00	40
Mato Grosso	284	00	00	284
Mato Grosso do Sul	78	09	00	87
Minas Gerais	145	00	00	145
Pará	62	08	00	70
Paraíba	86	04	00	90
Paraná	140	08	00	148
Pernambuco	00	00	38	38
Piauí	11	00	00	11
Rio Grande do Sul	488	23	00	511
Rio Grande do Norte	10	01	00	11
Rio de Janeiro	92	22	00	114
Rondônia	13	00	00	13
Roraima	00	00	00	00
Santa Catarina	63	06	00	69
São Paulo	1.974	116	00	2.090
Sergipe	40	00	00	40
Tocantins	00	00	00	00
Total	3.987	220	38	4.245

Gráfico 5

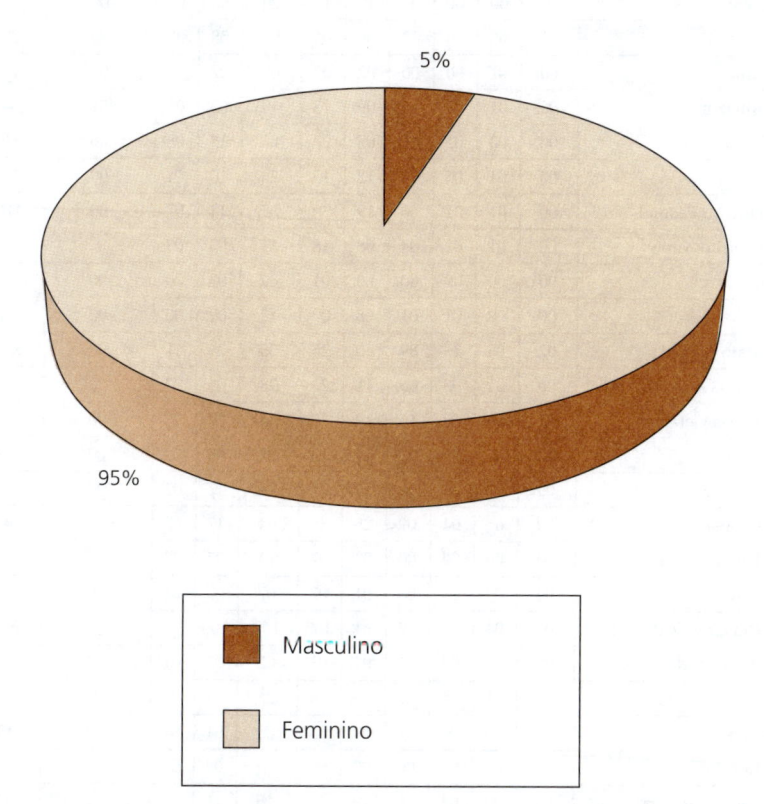

5%

95%

- Masculino
- Feminino

Quadro 6
Número de adolescentes segundo a faixa etária (por idade)

Estado	-12	12	13	14	15	16	17	18	19 a 21	Sem informação	Total
Acre	00	00	00	00	10	15	20	03	02	00	50
Alagoas	01	00	00	02	06	06	04	05	03	00	27
Amapá	00	01	00	00	02	02	09	02	04	00	20
Amazonas	00	01	00	03	09	15	19	05	01	01	54
Bahia	00	00	02	06	07	20	27	15	08	00	85
Ceará	00	01	06	03	12	15	20	10	04	00	71
Distrito Federal	00	01	04	06	19	30	35	14	07	00	116
Espírito Santo	00	01	02	04	08	18	14	03	03	1	54
Goiás	00	00	00	00	00	01	02	03	00	00	07
Maranhão	00	00	01	01	08	09	12	09	00	00	40
Mato Grosso	02	08	25	89	60	25	35	29	11	00	284
Mato Grosso do Sul	00	01	06	06	11	28	28	04	03	00	87
Minas Gerais	00	00	00	15	19	40	44	20	07	00	145
Pará	02	02	05	07	11	13	24	06	00	00	70
Paraíba	00	02	03	06	11	24	26	17	01	00	90
Paraná	00	01	04	09	25	35	54	17	03	00	148
Pernambuco	00	00	00	00	03	07	14	07	02	5	38
Piauí	00	00	00	00	01	02	07	00	01	00	11
Rio Grande do Sul	00	04	20	22	61	105	158	100	41	00	511
Rio Grande do Norte	00	00	00	01	01	03	02	03	01	00	11
Rio de Janeiro	00	01	05	11	27	29	26	14	01	0O	114
Rondônia	00	00	00	01	02	03	05	01	01	00	13
Roraima	00	00	00	00	00	00	00	00	00	00	00
Santa Catarina	00	02	03	06	19	13	15	11	01	-1	69
São Paulo	00	17	61	119	245	422	637	491	98	00	2.090
Sergipe	00	07	03	03	12	06	05	04	00	00	40
Tocantins	00	00	00	00	00	(10	00	00	00	00	00
Total	05	50	150	320	590	886	1.242	793	203	8	4.745

Gráfico 6

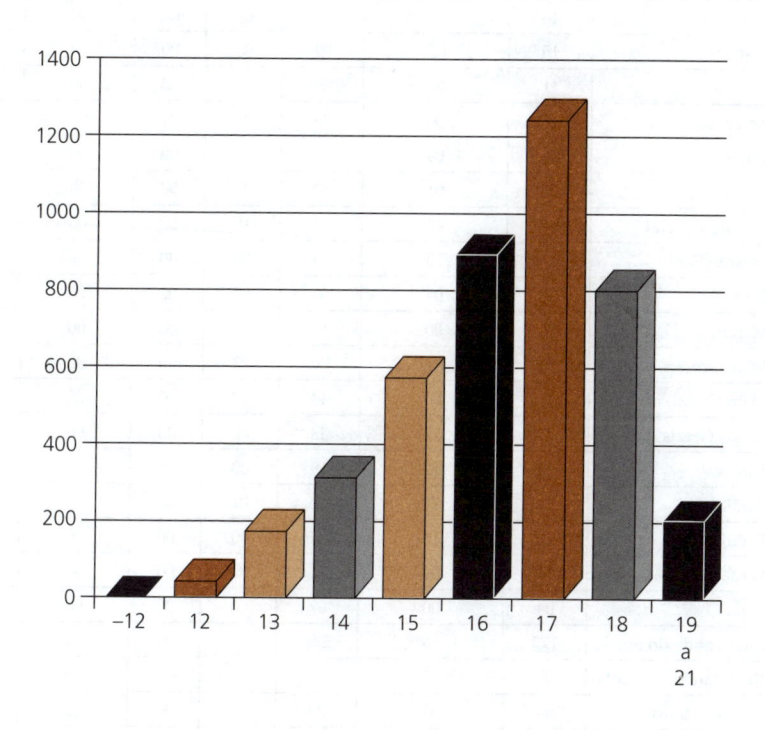

Quadro 7
Número de adolescentes por procedência

Estado	Capital do Estado	Região Metropolitana	Interior do Estado	Outro Estado	Outro país	Sem informação	Total
Acre	48	00	02	00	00	00	50
Alagoas	15	03	09	00	00	00	27
Amapá	11	00	09	00	00	00	20
Amazonas	44	00	06	03	01	00	54
Bahia	43	04	38	00	00	00	85
Ceará	50	01	13	01	00	06	71
Distrito Federal	57	43	00	16	00	00	116
Espírito Santo	17	33	04	00	00	00	54
Goiás	00	04	00	03	00	00	07
Maranhão	25	00	14	01	00	00	40
Mato Grosso	80	131	70	03	00	00	284
Mato Grosso do Sul	37	00	43	07	00	00	87
Minas Gerais	95	12	38	00	00	00	145
Pará	39	12	19	00	00	00	70
Paraíba	33	24	32	01	00	00	90
Paraná	20	12	116	00	00	00	148
Pernambuco	12	05	21	00	00	00	38
Piauí	04	00	07	00	00	00	11
Rio Grande do Sul	173	96	238	03	00	01	511
Rio Grande do Norte	02	02	07	00	00	00	11
Rio de Janeiro	54	31	29	00	00	00	114
Rondônia	05	00	07	01	00	00	13
Roraima	00	00	00	00	00	00	00
Santa Catarina	25	09	24	11	00	00	69
São Paulo	859	437	794	00	00	00	2.090
Sergipe	32	00	08	00	00	00	40
Tocantins	00	00	00	00	00	00	00
Total	1.780	859	1.548	50	01	07	4.245

Gráfico 7

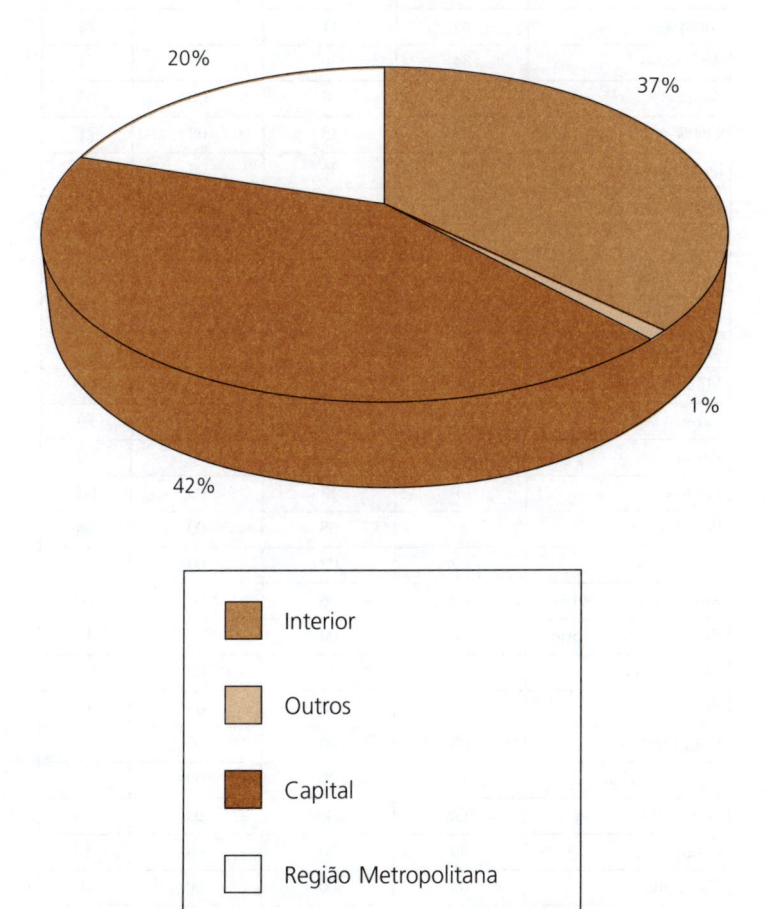

- 20%
- 37%
- 1%
- 42%

■ Interior
■ Outros
■ Capital
□ Região Metropolitana

Quadro 8
Número de adolescentes usuários de drogas

Estado	Usuário	Não usuário	Sem informação	Total
Acre	12	38	00	50
Alagoas	17	10	00	27
Amapá	09	11	00	20
Amazonas	34	20	00	54
Bahia	77	08	00	85
Ceará	58	13	00	71
Distrito Federal	80	36	00	116
Espírito Santo	21	34	–01	54
Goiás	00	07	00	07
Maranhão	29	11	00	40
Mato Grosso	202	82	00	284
Mato Grosso do Sul	61	26	00	87
Minas Gerais	92	53	00	145
Pará	44	27	–01	70
Paraíba	83	07	00	90
Paraná	131	17	00	148
Pernambuco	30	08	00	38
Piauí	09	02	00	11
Rio Grande do Sul	445	66	00	511
Rio Grande do Norte	01	00	10	11
Rio de Janeiro	41	73	00	114
Rondônia	03	10	00	13
Roraima	00	00	00	00
Santa Catarina	49	20	00	69
São Paulo	658	1.432	00	2.090
Sergipe	30	10	00	40
Tocantins	00	00	00	00
Total	**2.216**	**2.021**	**08**	**4.245**

Gráfico 8

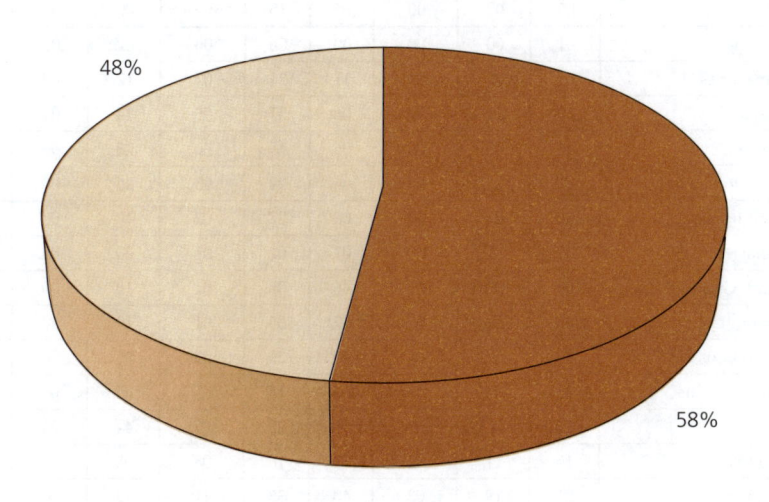

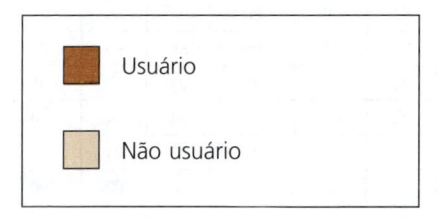

48%

58%

■ Usuário
□ Não usuário

Quadro 9
Número de adolescentes por motivo de internação

Estado	Roubo	Latro-cínio	Tráfico de drogas	Furto	Homi-cídio	Estupro	Outros	Sem informação	Total
Acre	10	01	11	11	17	00	00	00	50
Alagoas	05	02	00	05	15	00	00	00	27
Amapá	01	00	00	00	06	06	07	00	20
Amazonas	03	02	02	11	21	03	12	00	54
Bahia	10	14	00	06	37	05	14	01	85
Ceará	14	02	00	06	15	00	28	06	71
Distrito Federal	31	23	03	06	24	03	26	00	116
Espírito Santo	26	01	00	08	07	02	10	00	54
Goiás	02	01	00	01	02	01	00	00	07
Mato Grosso do Sul	04	03	07	46	08	01	18	00	87
Maranhão	09	04	00	02	05	01	19	00	40
Mato Grosso	80	02	03	40	29	05	95	30	284
Minas Gerais	35	03	16	66	15	05	05	00	145
Pará	13	00	03	06	25	03	44	24	70
Paraíba	15	11	01	31	16	08	08	00	90
Paraná	22	19	03	48	33	11	12	00	148
Pernambuco	11	03	00	07	08	00	01	08	38
Piauí	03	00	00	01	06	01	00	00	11
Rio Grande do Sul	54	34	05	86	90	27	215	00	511
Rio Grande do Norte	02	01	00	04	03	01	00	00	11
Rio de Janeiro	22	09	22	34	04	00	23	00	114
Rondônia	03	01	02	03	04	01	00	00	13
Roraima	00	00	00	00	00	00	00	00	00
Santa Catarina	21	03	00	39	02	03	03	02	69
São Paulo	1.012	86	87	519	165	33	188	00	2.090
Sergipe	07	00	03	22	07	01	00	00	40
Tocantins	00	00	00	00	00	00	00	00	00
Total	1.415	224	1.008	564	564	121	728	17	4.245

Gráfico 9

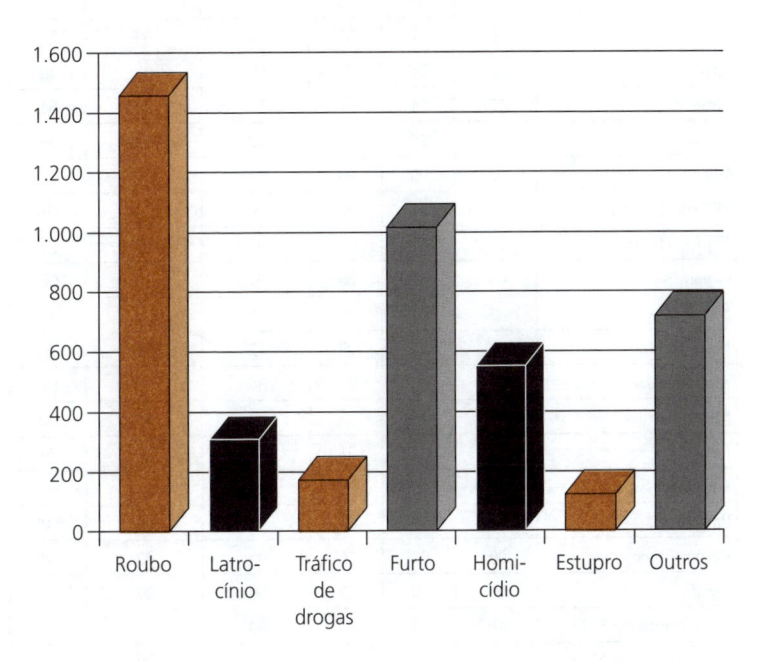

Categoria	Valor aprox.
Roubo	1.450
Latrocínio	300
Tráfico de drogas	170
Furto	1.000
Homicídio	550
Estupro	120
Outros	720

Quadro 10
Número de adolescentes segundo a duração da medida de internação

Estado	−1 ano	1 a 2 anos	2 a 3 anos	Provisória	Sem informação	Total
Acre	50	00	00	00	00	50
Alagoas	05	07	01	14	00	27
Amapá	18	01	00	00	01	20
Amazonas	17	04	01	32	00	54
Bahia	40	18	05	22	00	85
Ceará	50	00	00	21	00	71
Distrito Federal	54	01	02	59	00	116
Espírito Santo	18	01	00	35	00	54
Goiás	05	01	00	01	00	07
Maranhão	33	04	02	01	00	40
Mato Grosso	190	77	05	12	00	284
Mato Grosso do Sul	46	05	00	36	00	87
Minas Gerais	47	23	75	00	00	145
Pará	51	07	01	12	−01	70
Paraíba	44	10	07	29	00	90
Paraná	133	10	03	02	00	148
Pernambuco	00	02	36	00	00	38
Piauí	09	00	02	00	00	11
Rio Grande do Sul	303	93	25	90	00	511
Rio Grande do Norte	06	02	00	03	00	11
Rio de Janeiro	106	02	00	06	00	114
Rondônia	08	00	02	03	00	13
Roraima	00	00	00	00	00	00
Santa Catarina	25	11	02	31	00	69
São Paulo	1.314	228	20	528	00	2.090
Sergipe	36	04	00	00	00	40
Tocantins	00	00	00	00	00	00
Total	**2.608**	**511**	**189**	**937**	**00**	**4.245**

Gráfico 10

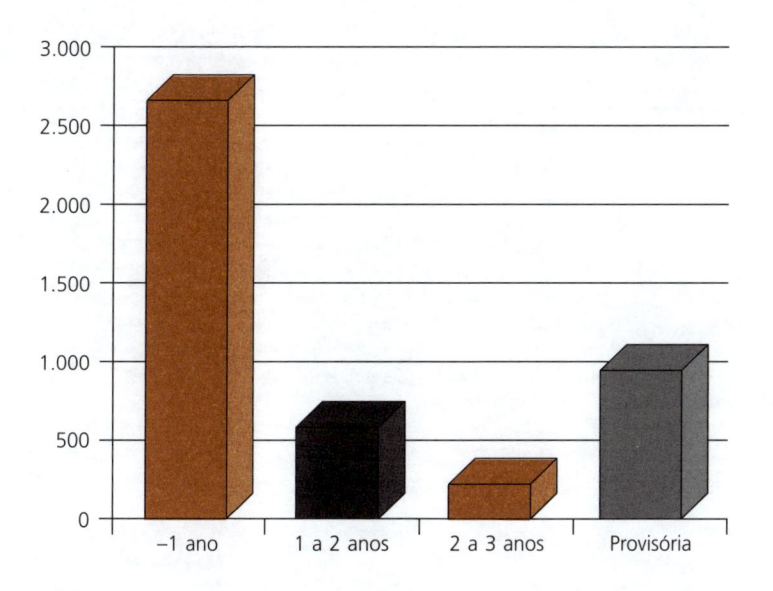

3.000	
2.500	
2.000	
1.500	
1.000	
500	
0	−1 ano / 1 a 2 anos / 2 a 3 anos / Provisória

GRÁFICA PAYM
Tel. [11] 4392-3344
paym@graficapaym.com.br